陕西庙会
SHAANXI TEMPLE FAIR

庙会 陕西庙会
SHAANXI TEMPLE FAIR

贺绎 赵慧兰 著

西北大学出版社

陕 西 庙 会

序
张志春

多少楼台烟雨中

> 早春三月，柳条绿成鞭，紫玉兰高枝舞。骊山骏爽青葱之姿裹缠着柔曼的云纱，历史情景的想象兼及远远近近的风景，让人沉浸又生超尘之念。正在此地参加省非物质文化遗产工作会议，忽接到宁锐教授电话，说有一老者拍摄了庙宇图集出版，嘱我帮助看看。这就是几天后我所见到的贺绎先生及其摄影作品《陕西庙会》。贺说他是陕西民俗摄影家协会成员，长安人，多年前因读宁锐教授关于庙会的文字，忽而对陕西的庙宇滋生兴趣。几十年从事科技教育与研究的他，离休后有空闲便专拍庙宇，多年来拍摄渐多而有所感，遂精选83庙而欲汇集问世。见我是做民俗研究的，便请为序。为长者作序，且是涉及神圣庄严之庙宇，岂是我辈可随意走笔者？！但又念及这是涉及非物质文化遗产保护工作的范围之事，谨以读后感请教于大方之家。

> 在我的记忆中，在不时耳闻长辈们的话语叙述中，庙宇是神圣而玄秘之所在。也承载了近代以来的风雨不断的激荡。有如家乡的村庄，这个处于关中平原的黄土乡村，周围的九座庙宇早在我的幼年，就已全部化为颓垣烟土让人心生无限凭吊。那祠奉九天圣母的大殿成为教师宿舍，二殿戏楼改作教室。那是"大跃进"的年代。而在自己所接受的观念中，在相当长的时间里，庙宇这个名词所衍生出的一切精神概念与空间实体，往往是作为负面形象在被动的否定与边缘中愈发落寞与残破。中学大学时代，曾拜谒一些庙宇，隐约体会到其对心灵的净化功能；近年参与非遗保护工作，对这一领域或多或少地都有所接触与思考。近几十年来，民间信仰活动逐渐复兴盛行，佛堂庙宇成为善男信女拜谒的中心，人生在虔诚与随和中呈现出种种庄严与欢愉，生命在期待和表达中展示敬畏与美好，庙会复兴，周围几十里村都各有庙会，在特定的日子可见庄严的仪式与欢乐的游演人群。太白庙会数千人肃静观看社戏的肃穆恢弘场景至今仍浮现眼前；显通寺千百计的僧尼居士在法会经行中渗透灵魂的歌声仍萦绕耳畔……

> 唐代诗人杜牧曾慨叹南国寺庙之多："南朝四百八十寺，多少楼台烟雨中。"其实在北国何尝不如是呢？即使在近代种种激进的社会思潮冲击之下，庙宇依然屡毁屡建，各地林立。在更久远的时间长河里，或如三武灭佛，或如某某革命，就是我们或曾经历过的或内心所感受过的，摧毁外在的雕像与建筑，何曾真正摧毁民众心灵深处的庄严庙貌？如贺

1

绎先生所摄的《陕西庙会》，而这仅是三秦大地寺庙的一部分。笔者近几十年在秦岭大山之中见过路边的高高矮矮的土地庙，在西秦农村可以看到几乎家家或门前或院落都有小小的神龛……倘若统计起来，又何止千千万万？出于专题所限，还有至少几个专题类型的寺庙有待于继续拍摄展示，或许作为丛书形式的续集让我们有所期待。

> 寺庙，作为神圣而神秘的一方净土，她的意义与价值在民众心目中是神圣而恒久的：自远古而今，她以巨大的神话思维将无处不在的偶然性纳入神秘的必然性框架之中，以神圣氛围的笼罩极为有效地推拒着生活的荒谬性与生命的虚无感；她总体上维护着人生价值的意义感和恒久性；她别有天地的思维模式解读着人生与历史，在很大程度上消解着个体生命在深邃历史与无限宇宙映衬下内心深处的永恒困惑；她的道德标尺永远是惩恶扬善；她作为具有信仰意味的文化空间，成为民众逢年过节祈福的意象造型；丰收之际感恩天地的诉说对象；灾难困苦时宣泄悚惧净化心灵的有效途径；人文始祖庙，我们追溯生命之根有着温馨的依赖；历代先贤庙，恰也是在神圣与理智的层面强化着善恶向背的情感选择与具像化的古今联结……

> 从红山文化的遗存来看，生于斯长于斯歌于斯哭于斯的先民们的庙宇建筑与超自然信仰至少已有8000年乃至万年的历史。留存在我们生活周围的庄严庙貌，乃是远古先民和历代先贤们的人生体验与智慧创造的结晶。如同人生之惑横亘在远古先民、历代祖先一下，自然也横亘在我们以及后代的子孙面前，生命可以感知的无限性与自身存在的有限性，个体生命所能感知的生老病死，生命遭际的爱别离、求不得、怨憎会与五蕴盛等，都不是逻辑分明的理性工具所能梳理清楚的。生命感性存在的强大与感触，困惑与祈愿，使得庙宇的存在仍有着重要的现实意义。在文化意义上，我们尊重历史，就是要尊重几千年乃至万年的祖先的智慧，尊重他们的文化创造，尊重这种仪式创造和人生关怀的有效途径。

这是一方具有信仰质的文化高地。《陕西庙会》选择人文始祖、历代先贤神话人物、佛寺与道观这几个专题，是大有意味的。当然还有基督教、伊斯兰教等类型，这或许是作者考虑续集的内容了。黄陵炎祠坐落三秦，今日祭黄祠炎，更是凝聚海内外炎黄子孙的神圣仪式；十三朝古都的历史曾吸引天下英雄汇聚于此而创造文明展示辉煌；佛教两大翻译家与旅行家，鸠摩罗什与玄奘的佛经译场在这一方厚土；法门寺供奉的佛骨舍利，更是超越古今与国界的；佛教八大宗派中的六派祖庭在三秦大地上，至今香火旺盛，信众遍地；楼观台就是道教圣地，且是老子的说经台与最后隐居之地；古代神话与传说中的大量的神仙人物多是从终南山上飘逸而来；如钟馗，如财神赵公明，如陈抟老祖，如王重阳，等等。他们如终南诸峰，千古耸立，森严罗列，不断引发仰视瞻拜之情。

› 甚至，我由此产生一点联想，陕西人性格中的狠透铁韧劲，是非分明的正义感，超越名利的高远情怀等，是否与远古的神话或民间信仰有一脉联系，如为追寻太阳而"北饮河渭"的夸父，如化为精卫鸟衔草木怒填东海的炎帝之女；如高卧山中不奉朝廷召换的陈抟老祖；如进士不第便触阶而亡发愿去除人间一切妖孽的钟馗，等等。这不是文化的传承与生命新感性的重塑吗？如果说上述举例仅是精神层面的传承，那么近年来民间庙会及年节社火的游演，寺庙的社会秩序梳理功能则是得以展示，不断呈现的田野作业显示，不少民间社火管理组织通过庙宇进行日常的年节管理。围绕年节庙宇，形成了一套年节管理的祭祀和权威体系。这里存在着一个包括国家、地方精英与民众共享的文化场，它提供了一个象征意义的文化空间。

› 由此看来，《陕西庙会》是一种极具张力的图像叙事，它的问世是可喜可贺的。如同明月松间，清泉石上，它提供了引发思古之幽情，抒写文化脉络之传承的意义世界。

陕西庙会
SHAANXI TEMPLE FAIR

前言

贺绎

> 《尔雅·释宫》说："室有东西厢曰庙,无东西厢有室曰寝。"《说文》说："宗,尊,宗庙也。"据此,祭祀先人并有厢房的宗室就是庙,周公宗就是周公庙。《礼记·王制》说："天子七庙,三昭(即东厢)三穆(即西厢)与太祖(周朝指后稷为太祖)之庙而七;诸侯五庙,二昭二穆与太祖之庙而五;大夫三庙,一昭一穆与太祖庙而三庙;士一庙。"这种为祖宗立庙的宗庙制度流存至今的庙,陕西有后稷祠、文王阁、周公庙等许多人文始祖庙。中国自古就有社祭,周代,王为群姓立社,称为太社;诸侯为百姓立社,称为国社。百姓二十五家为里,里各立社,称为民社或里社,社神是土地神,民众向社神祈求风调雨顺就是社祭。社祭是庙会产生的来源之一。还有许多为深受群众崇拜的神圣人物立的庙,这在陕西也不少见。宗教活动的场所称寺院、宫观或阁,但总体也俗称庙。庙会,也叫庙市,是集寺庙宗教活动、旅游观光、文化娱乐与集市贸易等于一体的有中国特色的基层群众活动场所。

> 陕西寺庙和道观始建于汉代以前和晋代前后,传说春秋时代已公祭轩辕黄帝。秦始皇二十八年建清庙祭祀老子。长安道安寺兴建于晋代前秦王苻坚时代,户县草堂寺始建于东晋末年后秦姚兴时代,都比慈恩寺早二百余年。佛教自印度传入中国后,便开始了中国化的过程,道教与其展开了激烈的竞争,到唐代都发展到高峰,然后开始衰退,并遭受过唐武宗发动的灭佛运动。宋代至民国,庙会时兴时衰。解放前我所在的长安县杜曲大常盛坊村,共有大小庙各三座,但和其他村庙的命运一样,都遭到民国时期皇甫军校第七分校"到处拆庙,只要木料"的破坏。留存下来的也多在破四旧中毁损得不像样了。十一届三中全会以后,党的宗教政策逐步得到落实,全省寺庙、道观在宗教部门领导下,得到群众热情支持,昔日砸庙毁佛场景已被建庙迎佛的场景所取代,寺院道观纷纷得以修复,规模甚至达到或超过历史高峰。我正是在这个时期游览并拍摄了全省数百个庙宇,对陕西省的庙会有了粗浅的认识。首先,感到陕西庙会众多,据调查,仅周至县各村就有庙782座。据榆林宗教局局长讲,陕北庙会多达两千余座。关中地区是庙会集中之地,数量当更多,仅大型庙宇20余座,中型庙宇近百,小庙难计其数。其中人文始祖庙、道教发源地、佛教祖庭多在长安、户县、周至和宝鸡。陕北、陕南多道观而少佛寺。

> 庙会是古代文化与现代文化交汇的结晶，是思想净化的场所，是求舍集中之地，庙会在一定时期具有稳定社会和聚众作用，中国庙会产生于春秋时期，是中国社会政治、经济、宗教、哲学、文化、音乐、建筑、雕塑、书法、绘画、石刻、养生学说等的发展结果，对社会有促进作用。在阶级社会中庙会像粘合剂，能在某种程度上缓和阶级矛盾，对社会在一定程度上有稳定作用。我国的道、释、佛三教融合，其教义在世界观和人生观论中有一定合理成分，但也有非科学成分与迷信糟粕，有些地方甚至是藏污纳垢之地：赌博成风、算命猖獗、乞丐成堆，需要在发展中加以管理。它们也将随着社会发展和科学进展而变化。庙会中的消极成分不能人为遏制，像唐代灭佛运动以及近代破四旧运动那样解决不了人们头脑中的认识问题，只能靠社会进步和科学发展使人们自觉感悟。

> 本集采访拍摄的庙观包括祠墓，分人文始祖庙、先贤神化人物庙、道教宫观和佛教寺庙四部分。本应将儒教列入一类，但由于陕西省保留完整的文庙只有韩城市等数处，兴平市只遗留了大成殿，因此将韩城文庙列入先贤神话人物部分。每部分只是现有庙中的较少代表，共有84庙。每庙有文字简介和十余幅图片，旨在使初入庙者对该庙有较完整的认识。每个庙都是一个社会单元，形式和内涵都非常丰富，并且日日月月年年都在变化发展之中，在短时间内要把庙会拍好是太不容易了，而我的拍摄都是在匆忙中完成的，因此不可能做到尽善尽美，故请读者谅解。

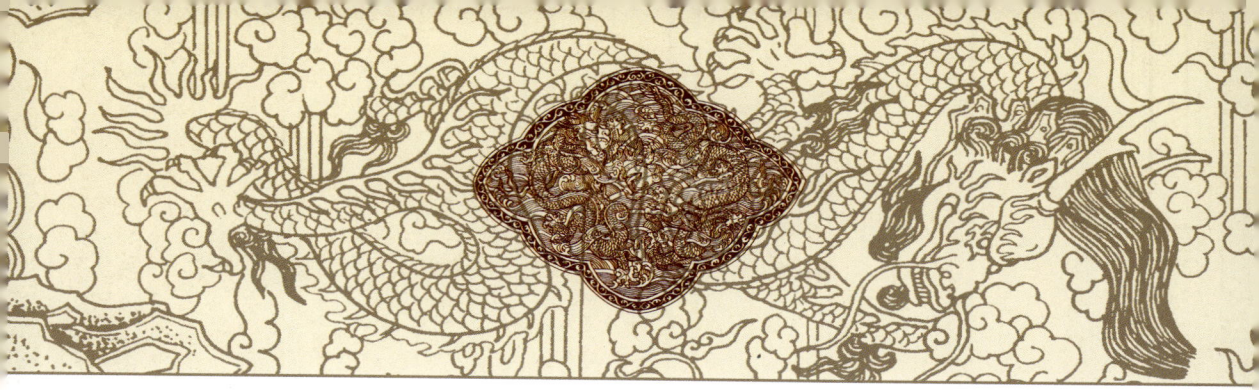

目录

序
前言

壹　人文始祖庙

蓝田华胥陵 /2
骊山老母宫 /4
黄陵轩辕庙 /6
宝鸡炎帝祠、炎帝行宫和炎帝陵 /9
韩城大禹庙 /12
尧山圣母庙 /15
岐山姜嫄庙与后稷祠 /18
灵沼平等寺 /21
岐山周公庙 /23

贰　先贤神化人物庙

白水仓颉庙 /26
宝鸡姜太公庙 /28
韩城文庙 /30
韩城汉太史司马迁祠墓 /32
勉县武侯祠 /36
周至豆村关帝庙大蜡会 /38
户县华佗庙 /40
耀县药王山药王庙 /42

西安老洞庙 /45
大荔阿寿村药王庙 /47
绥德蕲王庙 /49
斗门牛郎织女庙 /51
西安马腾空白雀寺 /53
韩城法王庙 /55
户县钟馗宫 /57
榆林卧云山永怀阁 /59

叁　道教宫观

周至楼观台 /62
周至西楼观台 /66
户县重阳宫与成道宫 /68
户县化羊庙 /70
陇县龙门洞 /72
长安王曲总城隍庙 /74
西安都城隍庙 /76
韩城城隍庙 /78
三原城隍庙 /80
宝鸡金台观 /82
西安八仙宫 /84
西安湘子庙 /86

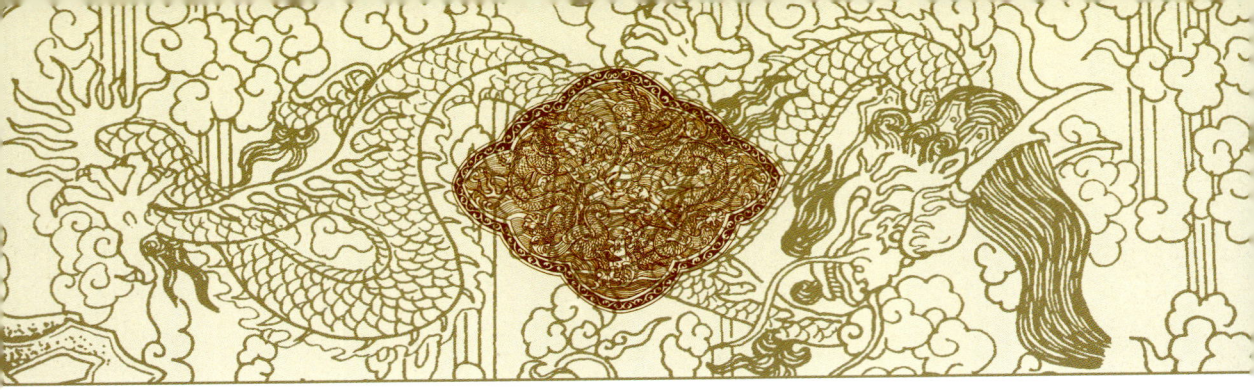

西安广太庙 / 88
临潼明圣宫 / 90
子午峪金仙观 / 93
长安镐京观 / 95
长安嘴头东岳庙 / 96
鸣犊法音寺 / 98
师村玉皇庙 / 100
蓝田八里塬真武庙 / 101
蓝田汤峪东峰山庙群 / 103
华山玉泉院 / 104
周至赵公明庙 / 107
西乡午子观 / 109
镇安高林寺与云盖寺 / 111
佳县白云观 / 112
榆林黑龙潭道观 / 114
榆林市郊道观 / 116
神木九龙山道观 / 118
神木二郎山庙群 / 121
西安大唐西市财神庙 / 123
潼关红楼观 / 125

肆　佛教寺院

长安道安寺 / 128
户县草堂寺 / 130
西安大慈恩寺 / 133
王寺归元寺 / 136
灞桥云经寺 / 138

长安兴教寺 / 140
西安罔极寺 / 143
西安大唐感业禅寺 / 144
扶风法门寺 / 147
长安华严寺 / 150
长安至相寺 / 152
长安净业寺与丰德寺 / 154
西安大兴善寺 / 157
西安青龙寺 / 158
西安卧龙寺 / 160
长安南五台 / 163
西安云居寺 / 168
长安香积寺 / 170
蓝田悟真寺 / 173
韩城普照寺 / 175
凤翔净慧寺 / 177
乾县铁佛寺 / 179
扶风大明寺 / 181
咸阳圆明寺 / 183
耀县香山寺 / 185
彬县大佛寺 / 187
西安广仁寺 / 189

陕西部分庙会名称、地点与时间选集

壹

人文始祖庙

　　陕西省是华夏民族的重要发祥地,遗留有众多的人文始祖陵、祠、墓、庙,仅帝王陵墓就有69座,如蓝田华胥陵、黄陵轩辕庙、常羊山炎帝陵、武功镇后稷祠、韩城大禹庙等,本书从中选择九处列入集内。

蓝田华胥陵

华胥陵，又称羲母陵，位于蓝田县北35里处的华胥镇孟崖村，每年二月初二举办祭祀华胥氏的古会。《列子·皇帝》载："（皇帝）昼寝，而梦游于华胥之国。"孟崖村东约五里的宋家村北有一华胥沟，是皇帝梦游之处。《太平环宇》载："蓝田为三皇故居，境内有华胥陵。"孟崖村南曾建有三皇庙（华胥、伏羲和女娲），至今每年正月二十五举办庙会。

司马贞在《补史记·三皇本纪》中记载："太和庖牺氏，母曰华胥，履大人迹于雷泽，而生庖牺氏于成纪。"《西安府志》记载："华胥渚（zhǔ，水中间的小块陆地），在蓝田县北35里，伏羲氏母居也，今有陵及华胥沟、华胥瑶、毓圣桥俱存。"这些史书和华胥镇的遗址都说明，轩辕皇帝之前中华民族的始祖华胥氏就曾主要活跃在蓝田县华胥镇一带。但是，8300年后的今天，这些遗址基本已岁久倾圮。据此蓝田县政府与世界华人联合会、中国策划研究院、陕西中科后勤协会等众多机构，在戊子年二月初二古会来临之际，举办了华胥氏历史研讨会，并举办了戊子年龙头节全球华人恭祭华胥氏大典暨华胥非物质文化遗产公园项目启动仪式，许多中外知名华人和华人基

狮舞

陕西庙会

宣读祭词

恭祭人群

今日华胥沟

华胥陵遗址

金会捐款、送花篮、敬香跪拜恭祭，华胥镇孟崖村、宋家村等表演了锣鼓、伞舞、狮舞和跑驴等。三年后，华胥陵和华胥公园将会恢复为一座崭新的人文始祖遗址。

骊山老母宫

骊山老母指的是华夏民族传说中的女娲娘娘。传说她曾在骊山炼石补天,捏黄土做人,倡导婚姻,繁衍人类,传授道家经典《阴符经》,让人依自然运行之道,阴阳消长变化之理,五行生克制化之机,作为修炼、治国、统军最基本的道、法、理。她制作孝、悌、忠、信、礼、义、廉、耻"八宝"规范了人伦道德。她普救苍生,教人多行善事,保佑全家平安,子女成才,事业发达,财源旺盛。无嗣求子者,无不灵应,故人们尊称她为骊山老母。

骊山老母宫位于西安市临潼区骊山西秀岭第二峰,即她的葬地女娲祠。老母宫的主要建筑有始祖殿、三仙殿和灵官殿各一座。老母宫始建于秦汉朝,唐代宗广德元年(763)扩建,明清时期曾重修。2001年筹资在原址上重建,建筑面积400平方米。始祖殿为故宫太和殿式建筑,雕梁画栋,巍巍壮观,为历代骊山老母宫建筑之最。殿内主供铜铸贴金老母塑像,慈善温和而善解人意,观之如见生养之慈母,令人肃然起敬。旁边供奉碧霞元君老母、地母、斗母、观音、文殊、普贤,十二元帅陪祀。

每年农历六月十五日是骊山老母的生日,每逢六月十一到十五日,西安市区县内

登峰火台人群

陕西庙会

骊山老母殿

骊山老母宫 　　烽火台

骊山老母塑像 　　朝会人群

外男女老少，以及海外侨胞纷至沓来登山朝拜，祈求国泰民安，祈求老母赐福、送子、牵红绳、灭灾，许多人带着各种当床的单子过夜休息，所以人们也把老母会叫做单子会。

黄陵轩辕庙

　　黄陵轩辕庙古称桥陵,曾称黄帝陵,位于黄陵县城东北桥山之腰。桥山因形如桥而得名,山上有翠柏8.1万余株,古柏参天;山下沮水绕流,形成洗笔的印池。庙前轩辕广场由5000块秦岭河石铺成,代表中华民族5000年历史。轩辕桥长66米,从桥北到龙尾道95阶,意九五之尊。轩辕庙原在桥山西麓,宋代移至现位。轩辕庙坐北朝南,由庙门、诚心亭、碑亭和碑廊、轩辕殿、祭祀大殿、双武仙台和黄帝陵冢等四进院建筑组成。庙门为汉代建筑风格,庑殿顶,白墙,黑琉璃瓦,"轩辕庙"三字是蒋鼎文书写,门内黄帝手植柏为世界柏树之父。诚心亭用于整衣冠,碑亭内有孙中山任临时大总统时祭词:"中华开国五千年,神州轩辕自古传,创造指南车,平定蚩尤乱;世界文明,唯有我先。"1937年毛泽东书写祭文。1942年蒋介石书写:"黄帝陵"。邓小平手书:"炎黄子孙"。轩辕殿前有汉武帝北征朔方归来在柏树上钉钉子挂盔甲的"挂甲柏"。轩辕殿建于明代,殿上门额"人文初祖"是程潜1938年所写。新建祭祀大殿为2004年完成。殿前祭祀广场面积一万余平方米,可容纳5000人进行祭典活动。祭祀大殿

祭祀大典

祭祀大典

正中上方有一圆孔，表示天圆地方。

《史记·五帝本纪》载："黄帝者，少典之子，姓公孙，名曰轩辕。生而神灵，弱而能言，幼而徇齐，长而敦敏，成而聪明。轩辕之时，神农氏世衰，诸侯相侵伐，暴虐百姓，而神农氏弗能征。于是轩辕乃习用干戈，以征不享，诸侯咸来宾从。而蚩尤最为暴，莫能伐。炎帝欲侵陵诸侯，诸侯咸归轩辕。轩辕乃修德振兵，治五气，艺五种，抚万民，度四方，教熊、罴、貔、貅、䝙、虎，以与炎帝战于阪泉之野，三战，然后得其志。蚩尤作乱，不用帝命。于是黄帝乃征师诸侯，与蚩尤战于涿鹿之野，遂禽杀蚩尤。而诸侯咸尊轩辕为天子，代神农氏，是为黄帝……黄帝二十五子，其得姓者十四人。黄帝居轩辕之丘，而娶于西陵之女，是为嫘祖……黄帝崩，葬桥山。"后来的唐、虞、夏、商、周、秦都是这十四姓的后代，子孙繁衍到各地。

公祭轩辕黄帝始于春秋时期，秦文公曾隆重祭祖。秦灵公第一次作为中华民族共同祖先祭典。汉明帝永平二年（59）各地建黄帝庙专祭。唐代宗大历五年（757）列为国家祭祀场所，经历五代十国、宋、元、明、清，世代相传。双武仙台高20米，七上八下，上77级台阶，下78级台阶。汉武帝祭祖后，羡慕黄帝驭龙升天成仙，命数十万大军每人背一袋土上山，一夜间堆成圆锥土台，他登台祈仙，对众人说："如果我能如黄帝那般乘龙归天，抛下妻子算得了什么，不过如撇下鞋子一样罢了。"黄帝陵冢高4

陕西民协献花篮

轩辕庙祭祀队伍

祭祀花馍

　　米，周长56米，碑文："桥山龙驭"，传说黄帝享年100余岁，天帝感其丰功伟德，派巨龙接他升天，巨龙腾空而起，人们扯下黄帝衣襟、靴子、佩剑埋在这里，起土成冢纪念。1958年郭沫若谒陵时书写"黄帝陵"三字。

　　祭祀轩辕黄帝的时间有三次：一是三月三祭祀；二是清明节国家祭典；三是夏忙后民间祭祀。民间祭祀议程比国家祭祀简朴，供品为面花，气氛肃穆庄重。

陕西庙会

宝鸡炎帝祠、炎帝行宫和炎帝陵

　　宝鸡炎帝祠、炎帝行宫和炎帝陵分别位于宝鸡市经二路西段的炎帝园、神农镇茹家庄和常羊山上，每年正月十一，二月初二，二月十五，清明节，六月初三，六月六日，七月七日和十月十八日为祭祀日。宝鸡自古就有"炎帝之乡"的尊称，因诞生了神农氏炎帝和轩辕氏皇帝而神圣，因孕育了炎帝文化、周秦文化而文明，成为中华文化和文明之根。宝鸡古称陈仓，唐肃宗至德二年（757），因陈仓山(即今宝鸡市东南

炎帝行宫神农殿炎帝与夫人塑像

炎帝塑像 　　　　　炎帝师傅赤金子 　　　　　炎帝师傅赤松子

陕西庙会

人文始祖庙

炎帝祠华夏始祖大殿

炎帝行宫西门

的鸡峰山)有"石鸡啼鸣"之祥兆,唐肃宗御赐陈仓名为宝鸡,并以宝鸡为古圣发祥地,建有神农祠。但早在唐代以前宝鸡就有规模宏大的神农庙和炎帝祠,曾有"十里常羊,庙宇相连"之说。文献记载,秦灵公三年(前420)曾在现宝鸡陈仓区吴山之阳"作吴阳上畤,祭黄帝;作下畤,祭炎帝"。此后祭祀炎帝的活动延续至今,海内外炎黄子孙多到这里寻根认祖。

《国语·晋语》载:"昔少典娶有蟜氏,生黄帝、炎帝。黄帝以姬水成,炎帝以姜水成。"《史记·补三皇本纪》载:"炎帝神农氏,姜姓,母曰女登,有蟜氏之女,为少典妃,感神龙而生炎帝,人身牛首,长于姜水,因以为姓,火德王,故曰炎帝,以火名。斫木为耜,揉木为耒,耒耨之用,以教万人,始教耕,故号神农氏。于是作蜡祭,以赭鞭鞭草木;始尝百草,始有医药;又作伍弦之琴教人;日中为市,交易而退,各得其所。"史载炎帝部落和黄帝部落最初居住在黄河流域,传说炎帝天资聪颖,智慧过人,被拥戴为姜姓部落首领。他以农为本,制作耒耜,教民耕稼,开始了原始农业的发展;创立日中为市,开创了原始贸易集市;尝百草而献出了生命,为《神农本草经》奠定了基础,被尊为农业之神,医药之神,太阳之神。炎帝部落与黄帝部落联合打败了蚩尤部落，并实行联姻通婚，使祖先得以繁衍生息壮大，形成了华夏民族。史载炎帝部落沿黄河向东迁徙，相传八世，约530年，形成山西、河南、湖北、湖南等多处炎帝文化地带，宝鸡是生息地，湖南为炎帝末代榆罔安葬地。

相传炎帝140岁时上常羊山南的天台山采药，因误尝火焰子（断肠草）而亡，族民们将他的尸体放置在寝骨台上祭祀了七七四十九天，又因感念炎帝母子的功德，在常羊山下炎帝母子小憩之地建立了行宫。此后人们于七月七日炎帝的忌日这天，到天台山寝骨台、烧香台、神农庙和炎帝行宫烧香祭祀炎帝，就是族民们祭祀的延续，并且绵延两千多年而不衰。汉文帝刘恒年间重建了炎帝行宫，明成祖朱棣年间重修行宫，清光绪七年对行宫进行了修葺。

1991年至1993年期间，宝鸡市政府和当地村民投巨资修复重建了炎帝祠、炎帝陵和炎帝行宫。现在的炎帝祠占地一万平方米，有祭祀广场、华夏始祖大殿、钟鼓亭和祭祀碑廊等。炎帝行宫现有东西宫门、神农殿、姜炎圣母殿、太素宫、联姻洞和药王洞等建筑。常羊山上的炎帝陵始于唐代神农庙，1992年重建，已有的建筑有西秦揽胜牌坊、华夏始祖牌坊、炎帝大殿、钟鼓亭、祭祀广场、百代帝王像廊朝圣大道和炎帝墓塚等，这些设施是现代海内外炎黄子孙祭祀认祖的圣地。

每年清明节期间，常有国内团体、学生和中华海外联谊会参访团祭祀炎帝。

炎帝陵祭祀

韩城大禹庙

　　大禹，姒姓夏后氏，名文命，号禹，后人尊称大禹（即伟大的禹），舜帝时代夏后氏族的首领。传说大禹是帝喾的曾孙，黄帝轩辕氏的第九代玄孙。大禹的父亲名鲧，母亲是有莘氏女修己。大禹于五千多年前的三月五日（一说六月六日）生在现名绵阳市北川县的羌族乡境内。相传尧帝时期洪水滔天，各族民众处于困苦时代，他的父亲鲧受命治理洪水，采用堵截办法，九年时间未能成功，被尧帝处死在羽山，并命鲧的儿子禹继任治水之事。禹吸取了父亲治水的教训，对洪水流势进行了调查研究，制定了治水规划，大胆采用疏导与堰塞相结合的办法，任用伯益和后稷等人才，以一心为公和吃苦耐劳的精神，十三年于外，三过家门而不入，终于治好了洪水。由于大禹治水有功，舜帝授让帝位于大禹。大禹是夏朝的第一代天子，因此后人称他为夏禹。夏禹是我国传说时代中与尧、舜齐名的贤圣帝王。他的最卓著的政绩，除成功治理滔天洪水外，又划定了中国国土为九州，铸造象征权力的九鼎，为华夏版图打下了基础。大禹在位十年，逝世于公元前2062年，葬于会稽山，终年100岁。他一生所表现的大公无私的奉献精神已千古传颂，将永远值得后人学习和效法。

　　传说韩城与河津之间的黄河龙门（又称禹门口）也是大禹开凿的，韩城人民为纪

大禹庙山门前牌坊

陕西庙会

人文始祖庙

大禹坐像

三头六臂灵官塑像

大禹庙寝殿

韩城神楼展室（原戏楼化妆室）

大禹庙献殿敬香人

念这位对韩城人民有贡献的英雄，后人在黄河岸畔修建了数处大禹庙：周原大禹庙；岔村禹王庙；史代村禹王庙等。其中周原大禹庙是保存最为完整的一座。韩城周原大禹庙位于韩城市郊区东侧2公里处的黄河西岸周原村，始建于元大德五年（1301），明万历七年（1579）重建，1996~1998年国家和省市多次整修并扩建成现两进院落南北轴线格局。其主要建筑有庙前牌坊、照壁、山门、献殿、寝殿、西厢房和后偏殿等。山门为三进式，正门两侧有东西花门。献殿为单檐硬山式，面阔明三间暗五间，前檐柱为八角石柱。寝殿是单檐悬山式结构，面阔三间，殿内全部作神龛，神龛为木做专基，制作精致，有双龙戏珠浮雕、透雕和绘画，龛上藻井有彩画168幅，花鸟人物栩栩如生。龛内有12尊神像：中央为明代彩绘泥塑禹王坐像；西为唐将郭子仪和送子娘娘坐像；东为三头六臂黑虎灵官神像。东墙壁画为孙悟空收降红孩儿的故事；西墙壁画为郭子仪宴庆图。西厢房作为韩城神楼展室，展出文武神楼六架和不同造型艺术的神像30尊。后偏殿作为郭子仪生平事迹展，有郭子仪的画像和生平事迹介绍及其图画。大禹庙已不仅是纪念夏禹之场所，还是观赏韩城有关历史艺术的好地方。

韩城周原大禹庙以六月初十~十二日为庙会，会间群众敬神祈雨，十分热闹。

大禹庙山门

尧山圣母庙

尧山圣母庙位于蒲城县罕井镇西南的尧山西南半坡上。进庙的道路有两条：一是沿尧柏水泥厂内大道向西或沿水泥厂西部的浮阳村小道向北约八里路便可到庙下，上山约300米即到；二是经罕井镇，从尧山北部上山，到达山顶后下山，在柏树林中经过"九转十八弯"从庙后进入庙内。

《旧图经》记载："昔尧时，洪水为灾，诸山淹没，唯此山若浮，因以为名"，名曰浮山，又因传说尧帝曾立于浮山顶规划治水，人们又称浮山为尧山。传说唐初尉迟敬德奉命建造了尧山圣母庙，李世民曾在尧山狩猎。唐长庆二年唐穆宗曾册封女神，颁发过鎏金铁卷。现庙东北石壁上仍留有唐贞元和元和年间的摩崖题刻。

宋代曾对尧山庙进行过较大整修，并将尧山夫人因乞子求雨屡屡灵应而册封为灵应夫人。金代皇统年间重建庙宇增扩殿基时，在石崖中发现古人化石，并认为是灵应夫人羽化登仙后所留，使尧山知名度提高，山谷也被称为"仙蜕谷"，尧山庙被

尧山

陕西庙会

尧山老母庙前院

敕赐为"灵应观"和"浮山灵应祠"。元代宪宗二年（1252）全真道士入住庙观，沿用灵应观之名，山下有山门，观内东泉"妆鉴"和西泉"龙池"上建有二亭，泉下凿石为盆，每年庙会热闹异常。明代天启年间官方举行春秋祭祀，民间尧山"前后十一社，代司香火"，每年清明日轮流接神，周而复始。清代曾多次重修，"修阁建洞，殿宇高榭，焕然一新"。此时的尧山庙宇内有山门、道房、圣母座宫、马王洞、三圣母祠、献殿、三女神庙、白马洞、药王洞、戏楼、王灵官庙、龙王洞、土地庙、岳飞庙、庵生祠、官厅、汤房、泉亭、神场和铁旗杆等。嘉庆二年（1797）庙中神场、山门和道路被洪水冲毁，次年即予补修。光绪二十六年（1900）《重修尧山各庙碑》记载："吾蒲城北，尧山挺秀。山腰现坪，层峦耸翠，上出重霄。旧有圣母座宫、正殿、山门、道院、歌台，暨列社各有神庙，局面森严，灵奇丕著。特以历年即久，兵荒交至，凋敝殊甚，众社乐善君子，轮社劝捐，并募缘兴工。经历三四年，始得依次告竣，焕然重新。歧望雾树宫阙，俨若仙境"。民国年间除大殿、前殿、山门（女人楼）和戏台等外，尚有大殿娘娘庙和十一社所供的白马将军殿、三圣母庙、王母娘娘庙、岳飞庙、九天圣母庙、马王庙、山神庙、龙王庙、周仓庙和黑虎灵官庙等。1949年后庙宇渐冷落，"文化大革命"时庙宇被拆，古柏被伐，碑石被推倒，尧山古庙几同废墟。1990年当地成立"尧山庙文物保护组"，保护碑石摩崖等文物，并集资修复了四神庙、大殿、娘娘庙和龙王庙。1993年成立了尧山旅游区保护协会，1994年集资新塑了圣母坐像,并开始了尧山求雨活动以及十一社迎送圣母的活动。现在的尧山圣母庙的建筑有十一庙（圣母庙、王母庙、三圣母庙、观音洞、岳飞庙、白马将军庙、龙王洞、财神庙、送子娘娘庙、药王庙和四神庙（土地、牛王、马王和山神）以及神泉、文昌阁、明代石狮、摩崖题刻、旗杆与石碑等。

尧山圣母庙会的会期是：初一和十五；清明节；六月十九；八月十五。以清明节为最盛,从清明前一天开始,到清明后一天结束,历时三天。庙会活动有三个中心区：一是尧山庙；二是山南的浮阳村；三是庙北的山顶会场。同时十一个社村也举行各社的小庙会。庙会期间,尧山周围十一个社举行迎送圣母活动,唱大戏,耍社火,采高低跷,敲尧山大鼓,舞龙,舞狮,八仙舞,放烟花等群众喜爱的传统和现代文艺节目。会内外十分热闹,是周围广阔乡村群众的重要节日。

尧山圣母殿

尧山老母庙观音洞

尧山圣母神龛

邵力子题字

古洞

岐山姜嫄庙与后稷祠

　　岐山县武功镇西坡上有后稷庙和姜嫄祠，每年正月十六日和六月七日举行盛大的祭祀后稷和姜嫄的活动，当地人将其称为游百病，认为上山祭祀后可消灾灭病。庙会期间，有十多万男女老幼相拥排队祭祀，各秧歌队、社火队轮番祭祀表演，唱十进香歌，陈五谷，烧香，焚黄表，读祭文，盛况热烈而庄严。此外，每年十一月七日到十一日在漆水河岸的教稼台东河滩举行河滩会，当地村民将自己丰收的粮食制成大白蒸馍，并用花手帕包起来进行比赛，显示庄稼收成好坏。扶风县揉谷乡有个姜嫄村，姜嫄村有个姜嫄庙。每年正月二十二到二十五日举行祭祀姜嫄圣母活动。村内外妇女上香唱十进香歌、牵红绳、吃胡桃祈子、游万人伞、接送姜嫄圣母塑像看大戏、跑旱船、跳秧歌舞等活动。男人们抬姜嫄圣母楼游街并看大戏、敲转鼓等活动，气氛庄重而热烈。

　　揉谷乡一带是商周时期邰国的地域，姜嫄之子后稷曾在此地"揉谷"。姜嫄村是周族圣母姜嫄的出生地，20世纪50年代曾在此发现过邰国石碑。《诗经》所载《生

后稷祠

古道沟秧歌队向姜嫄庙进香

民》故事便发生在此村。唐朝以前该村曾有一规模宏大的圣母庙,安史之乱时遭到烧毁之灾,现有石碑记载。清代曾于修复,新中国成立后改为学校,"文革"中又遭破坏。陕西省人民政府于1957年公布为重点文物保护单位,1983年宝鸡市人民政府出资和群众集资修复成现状。现有姜嫄圣母庙和后稷、公刘、古公亶父、周文王、周武王、周公等祠院。

后稷祠后稷塑像

历史上凡为群众的生存和利益作出重要贡献的人,群众会将其神化并永远怀念祭祀。后稷远在我国商代便被认为是这样的人。后稷的身世在《诗经·生民》中有生动记载。他姓姬,名弃,母亲是五帝之一帝喾的世妃姜嫄。《周礼·媒氏》说:仲春之月,王室于城郊举行隆重的祭祀媒神的仪式,天子及后妃均参加,祈求为王室生育后嗣;同时,男女可自由交往,择爱。这就是《通典》所说的"高媒"祭,即传承至今的上巳节源头。高媒祭活动的中心内容是野合,活动初模仿性交动作,热烈到疯狂跳舞,祭祀后则以群众性野合表示对媒神的尊敬,表示对人口和谷物繁盛的愿望。帝喾时因姜

陕西庙会

迎圣母锣鼓队

杨陵区人民剧团演秦腔

村民向后稷祠献供品

姜嫄村西堡转鼓

嫄一时无子，姜嫄随帝喾参加郊媒祈子而孕，初以为不祥而得名弃，即姬弃。姬弃长大后善于种植，被舜帝提为农师，并随大禹治水，教民稼穑，开创了发达的农业，后因勤劳农事而死于山野。据《左传》记载，夏以前的稷神是柱，商汤灭夏建立商朝，以弃功多于柱，故废柱祀弃为稷神。《周礼》说：后土是土地神，社稷是谷神。后稷便是土地神与谷神之义。所以后世都把姬弃以后稷神祭祀。后稷的丰功伟绩大祭于商周，春秋以后渐消，但民间却传承于今日。《长安县志》记载，后稷曾协助大禹治理过长安南部的诸多湖泊泥潭，使其成为八水流入渭河，并开发灌溉了许多良田，教民稼穑。这可从《诗经》中的多首诗中读出群众对他的怀念。子午镇一带分布着许多石颡，盛传着社谷爷爱庄稼的故事。神禾塬上兴盛村石佛湾至今流传着姜嫄婆婆走到石佛湾和神禾塬长神禾的故事。长安、蓝田、陕北子洲和山西晋南许多地方至今仍保持着"献场"祭祀后稷的民俗。岐山县凤凰山周公庙上位及上上位设有后稷祠和姜嫄庙，并在每年三月十日至十三日祭祀。扶风县揉谷乡姜嫄村的后稷祠和姜嫄庙仍在每年正月二十三日举行隆重的祭祀。淳化县西部有条姜嫄河，传说七月七日王母娘娘开蟠桃会总要请姜嫄参加。山西省稷县有稷益庙，其壁画记录了后稷与伯益协助大禹治水、种植的功绩。我国农业始祖后稷的高大塑像耸立在今日的农业科技研发中心杨陵。

虽然姜嫄及其子后稷离开人世已有四五千年了，但这位伟大的母亲及其儿子对我国农业发展的功绩却永远留在人们心中。

灵沼平等寺

灵沼平等寺位于西安市长安区灵沼乡吴家村和邱家庄东的灵台遗址上。3000年前周文王曾在此地建立丰邑（国都）、灵台（观察天候、占卜大事、动员战争、庆祝大典和会盟诸侯之处）、灵沼（养殖鱼鳖之处）和灵囿（养殖鹿等动物之处）。《史记·殷本纪》记载："殷王纣时，西伯、九侯、鄂侯为三公。九侯有好女献给纣，因为九侯之女'不熹淫'，被纣杀死，九侯也被处醢刑（剁成肉酱）。鄂侯力争，也被处醢刑。西伯（后来的周文王）听到叹息，被崇侯虎（邻近国的诸侯）报告纣，纣囚西伯于羑里。西伯之臣闳夭求得美女、奇物、良马进献，才被赦免……"西伯侯出狱后，在军师吕公望的帮助下改称为王，积极准备灭商，修德纳贤，网罗人才，广交诸侯，发展经济，壮大实力，先后臣服了一些小国，再讨伐崇国，杀死崇侯虎，然后在沣河西岸建立了丰邑国都和三灵，将国都由西岐迁到丰邑。为周武王灭商打下了基础。后来周国国都东迁，丰邑渐衰。唐代曾在此建寺，因文王以德治国、平等待人接物故名。明代秦藩王在古灵台顶上修建文王阁，由僧人维护，香火旺盛。新中国成立后寺院尚有土地41亩，寺内有王和尚与释道宽法师修道弘法。"文革"中寺内古柏、大钟和钟鼓楼被毁。1982年以来，净天、彻成和彻安法师募资多次修补文王阁，筑围

平等寺远景

陕 西 庙 会

细柳自乐班吼秦腔

秧歌队在文王阁前演出

平等寺远貌景

文王塑像

文王访贤壁画

墙，并修建了菩萨殿和地藏殿，在文王阁内画了"推周易演八卦""灵沼瑞莲""文王访贤""教民稼穑""文王运渡台""拯救牡鹿""枯骨塚""讨伐崇侯虎"壁画和菩萨画像，并于2008年正式对外开放。平等寺的会期为正月二十日。己丑年会期中迎来了众多的信众上香朝拜和周围各村锣鼓秧歌队的表演进香。细柳秦腔自乐班到会演奏秦腔。

岐山周公庙

　　周公庙位于岐山县城西北7.5公里处的凤凰山南麓。此地依山傍水，古木参天，东、西、北三面环山，唯有南面与平地相接，状如簸箕，《诗经》中将其描述为："有卷者阿，飘风自南"，古称"古卷阿"，早在西周曾是旅游胜地。

　　周公姓姬名旦，周文王第四子，周武王弟弟，西周著名政治家，曾帮武王灭商立国，并辅佐成王平叛安邦，制作礼乐，使天下大治。唐武德六年（618）唐高祖李渊为缅怀周公勤政德贤，下诏在古卷阿建祠立庙，始称周公祠。后经历代修葺、扩建，形成以周公、召公、太公为主体，以姜嫄祠和后稷殿为辅的亭台楼阁点缀辉映的古建筑群。1957年被列为陕西省重点文物保护单位，1992年批准为省级风景名胜区。

　　周公庙每年农历三月初十到十三举行祭典和庙会活动，同时祭祀姜嫄和后稷。

凤凰山南麓周公庙庆典

  陕西庙会

人文始祖庙

【陕西庙会】

周公庙祭典仪式

周公庙前石塑像

献贡品途中

润德泉

百姓祭拜姜嫄圣母

贰

先贤神化人物庙

陕西地处中国内陆腹地，是大地原点所在地。"秦中自古帝王都"，先后有13个王朝在陕西建都，在长达1180年中曾是全国政治、经济、文化中心，出现过诸如仓颉、姜子牙、司马迁、孙思邈等许多先贤名人，并立有祠墓或庙。文庙本属儒教，陕西保存完好的文庙只有韩城和商洛。由于孤庙难成类，所以韩城文庙也收入本部分。本书共记录了16处，并作简要介绍。

白水仓颉庙

白水仓颉庙位于白水县城东北30公里处的史官乡武庄村北，每年农历谷雨期间举行庙会活动。仓颉造字的事迹在《史记》《读书》《荀子》《吕氏春秋》和《淮南子》等书中均有记载。

仓颉原姓侯冈，名颉，号史皇氏，白水县阳武村人，享年110岁，曾任轩辕黄帝左史官，我国原始文字创造者，我国官史制度及姓氏草创人之一。传说侯冈颉作史官时，人们都用结绳办法录史记事，有次从绳结记录的史书中给黄帝提供的史实出了差错，致使黄帝在和炎帝的边境谈判中失利。事后仓颉辞官云游天下，遍访录史记事好办法。独居深思"观奎星圜曲之式，察鸟兽蹄爪之迹"，整理出各种素材，创造出代表世间万物的各种符号，首创了"鸟迹书"。破译为："戊己甲乙，居首共友，所止列世，式气光各，左互乂家，受赤水尊，戈矛釜苇。"黄帝感他功绩过人，赐他"仓"姓，意为君上一人，人下一君（仓）。传说他的这一功劳感动得玉皇大帝赐给人间一场谷子雨。

仓颉造字的传说始于黄帝时代，仓颉去世后，当地百姓在其墓葬冢处修建了庙宇，并将这里的村庄取名为"史官村"。史载东汉延熹年间（158—167）始建仓颉庙。2001年6月，国务院批准为全国文物重点保护单位。

仓颉手植柏

陕西庙会

先贤神话人物庙

祭祀典礼

仓颉鸟迹书碑

仓颉塑像

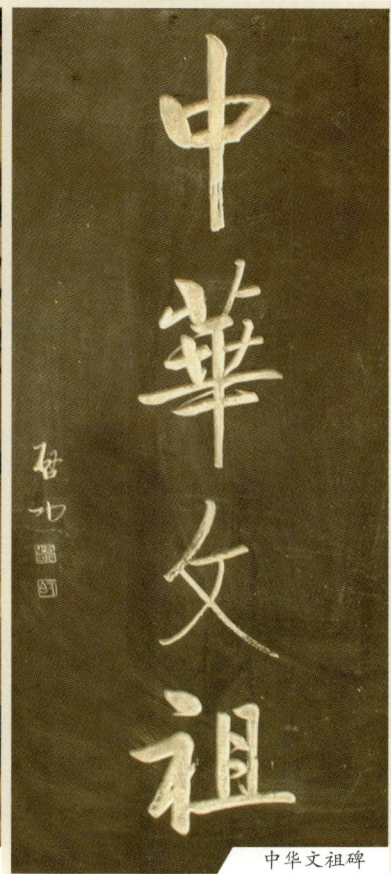
中华文祖碑

陕西庙会

宝鸡姜太公庙

　　宝鸡姜太公庙位于宝鸡市东南30公里处的钓鱼台内。据说汉代有太公祠，唐贞观初年建庙，唐开元十九年唐玄宗命两京及天下诸州各置太公庙，上元元年唐肃宗追封姜太公为"武成王"，从此使受封后的姜太公与孔子成为我国古代两位一文一武的偶像。太公庙在宋、元、明、清各代均有修葺。太公庙前的四棵柏树是唐代建庙时所植。太公殿为三间平房，正中端置姜太公塑像，两边配享姜太公伐纣时的两个先行官二郎神杨戬和三太子哪吒，壁画再现太公钓鱼、武吉拜师和文王访贤的故事。庙下不远处有姜太公垂钓遗址，庙外有乾隆年间所立石碑，庙上有周文王庙和姜嫄殿。周围尚有万神宫、救苦洞、三清殿、王母宫和玉皇宫等殿宇，距太湖约三公里之处还有姜太公隐居的静室。这里每年正月初一到十二日是庙会日，八月初三日是姜太公诞辰日。

　　姜太公姓姜，名尚，字子牙，号飞熊，周文王称他为太公望，周武王称他为师尚父，宝鸡人。早年以屠牛卖饭为生，后在商朝做一名小官，因纣王残暴无道愤然弃官出走，来到距西岐四十余公里处的磻溪谷隐居垂钓，伺机为周朝做一番事业。垂钓十年之后，周文王"飞熊入梦"出猎磻溪，二请子牙，并为其扯纤拉车八百步，回到西岐后拜为国师。姜太公竭力辅佐周文王修文练武，励精图治，于公元前1046年集结八百诸侯，率兵三万举行牧野战役，摧毁了商军，协助周武王建立了周朝。后武王封太公于齐，成为齐国的开国始祖。姜太公著有我国最早的兵书《六韬》（即文韬、武韬、龙韬、虎

钓鱼台广场

太公塑像

封神宫与配享

太公静室

姜太公师傅元始天尊塑像

钓鱼台风光

韬、豹韬和犬韬），《史记》记载："后世之言兵及周之阴权皆宗太公为本谋。"司马迁将他誉为兵家始祖。汉、唐、宋时《六韬》被作为武学教材。我国历史上著名军事家孙武、诸葛亮、曹操等人均从《六韬》中吸取兵法知识。姜太公尚著有世界最早的财政经济论著《九府圆法》，为历代治国谋策所借鉴。

由于姜太公在中国历史上具有巨大的影响，又因《封神演义》对姜太公作了浓厚的神话渲染，在老百姓心中他是驱妖避邪、除恶扬善、主持正义的化身，被奉为"太公在此诸神退位"的万神之尊。因此，几千年来太公庙香火不断，人们竞相参拜叩头祈愿。王者莫不以周文王为镜子，臣僚无不用姜太公做榜样，不得意者用太公垂钓激励自己，老百姓又将姜太公奉若神明祈福祈财求平安。

陕西庙会

韩城文庙

　　韩城文庙位于韩城市金城区学巷东端，始建于元代，明洪武四年扩建，清代至今曾多次维修，是集元、明、清各代建筑风格于一体的儒家庙宇，气势宏伟，庄重典雅，为陕西现存文庙之最。韩城文庙是由四个院落组成的中心轴对称的建筑，现有建筑包括庙前木牌坊、五龙琉璃照壁、棂星门、戟门、明伦堂、大成殿及其东西廊庑、尊经阁和碑楼等。

　　庙前有通衢，筑有琉璃五龙照壁，东西有木牌坊，书写"德配天地"和"道冠古今"。东西牌坊外各立"文武官员军民等至此下马"石碑。

　　棂星门为明代相公帽式建筑，五柱三门，使用通天注，立柱直通门顶，寓意顶天立地，大门两侧砖雕"鲤鱼戏浪"，象征读书进士为"鲤鱼跃龙门"。

　　戟门原称大成门，中偏三道，后因唐制官、阶、勋俱三品得立戟于门，以示显贵。宋建隆三年始立戟于大成门，以示庄严，故改名戟门。

　　明伦堂建于明洪武四年，单檐硬山顶，面阔五间，是古时教谕、训导讲经督课之所，以周礼、六德、六行、六艺为标准，礼延师儒，教授生徒，讲论圣道。

　　大成殿是文庙的中心建筑，殿前正中有石雕龙杠挡着正路，只准有皇朝一级学位的人在祭孔时抬开直入，其他人必须从两旁通过。大成殿高大宏伟，殿前及其月台

文庙正门棂星门

陕西庙会

琉璃五龙壁斜视

尊经阁

大成殿

戟门

孔子与四大弟子

古栏雕饰蟠虬纹。单檐歇顶，龙形鸱吻，张口吞脊，尾部上卷，墙体厚，每根柱子向内倾斜，墙体收分大，结构形似蒙古包。殿内供奉孔子及其四大弟子亚圣孟子、复圣颜子、宗圣曾子和述圣子思的铜像。殿内墙壁尚有孔子生平绘画展。东西廊庑为陈列室。殿前西南有株1500年的五指柏，象征五子登科。

尊经阁面阔三间，四周为回廊，建在高3.68米、长22.94米、宽16.33米的砖砌台基上，由正中垂带台阶踏道拾级而入。北靠城隍庙，北门门额武靖华夷。

孔子诞辰于周灵王二十一年八月二十七日（前551年9月28日），因此国内各文庙常在夏历八月二十七日举行祭孔庙会。

陕西庙会

韩城汉太史司马迁祠墓

汉太史司马迁祠墓位于韩城市芝川镇韩奕坡（即八里岭）顶部，始建于西晋永嘉四年（310），汉阳太守殷济首先植柏立碑，维护司马祠墓。《韩城县志》载:司马"迁卒葬高门东南八里岭上，东望黄河，一丘岿然"。这是古代官方先"社祀"后"里祀"的祠墓。每年清明节举行扫墓活动。山门内有段中凹边鼓，没有台阶的古道，称为司马古道，汉唐时代，读书人进京应举谋仕，必经司马古道拜谒司马墓。司马古道上有段铺风化石条的路段，是北宋时铺垫而成。1668年清朝年间扩建过司马祠，在司马古道上修建了木牌楼，架了座天桥，垫起了祠台堂基，坡道两边种植松柏，墓前修筑99阶石阶。九为数之极，九九是至高无上，比喻司马迁历尽千辛万苦，在史学和文学方面取得了很高成就。最高点牌楼上方是祠墓之地。祠正中是宋代修建的献殿和寝宫，内有司马迁坐像。祠后为墓，嵌有八卦砖雕，据传为元世祖忽必烈敕命建造。墓顶有千年古五指柏，苍劲盘桓，象征五子登科，周围有古柏环绕。1600多年以来，韩城人民一直在为太史祠墓添砖加瓦，重修扩建，使其庄严肃穆，巍峨壮观。另有一处"汉太史遗祠"和"法王行宫"，是司马迁徐村后人为祭祀祖宗司马迁修建的。两祠相距约10公里，遗祠和法王行宫在嵬东乡徐村。每年清明节徐村人和司马迁出生地华池村人均

太史祠墓远景

陕西庙会

宋代铺砖司马神道

隆重祭祀扫墓。汉太史司马迁遗祠与法王行宫位于韩城市芝川镇巍东乡徐村，是司马迁后人为祭祀司马迁而隐秘修建的祠墓，始建年代应在汉献帝为其平反后，现有嘉庆二十三年立碑。遗祠由月门、照壁、门房、祠堂、陵园、龙门书院等组成。月门上书写"凤追司马"，照壁上书写"山迴水绕"。门房进口书额"入则优见"，出口书额"出则忾闻"。祠堂内供奉司马迁坐像和法王行宫内的小坐像，以及冯同二姓祖宗神位牌等。

　　法王行宫位于徐村东南进村路西的老牛坡上，由石牌坊、法王庙、真身墓和墓碑组成。墓碑上书写"汉太史公司马迁之墓"，对联是：上联"史笔壮山河英灵万代"，下是"拳忠光日月俎豆千秋"，横额："德垂后裔"。法王行宫意指"宫刑枉法"，法王庙前对联：上联是"真假真假真真假真假分不清"，下联是"错隐错隐错错隐错隐辩未明"。墓旁有株茂盛的松树。

　　司马迁是西汉伟大的史学家、文学家、历数家和思想家，字子长，自称"迁生于龙门，耕牧河山之阳（即古时夏阳，今日韩城西南龙门附近）"，1957年被联合国命名为"世界历史之父"。司马迁生于汉景帝中元五年（前145），6～18岁在故乡读书求学。父亲司马谈在汉朝中央政府任太史令，负责管理皇家图书和收集史料，研究天文历法，计划编写一部通史。19岁随父亲从夏阳迁居长安城，师从侍中孔安国学《尚书》，师从董仲舒学《春秋》。20～22岁游历各地，历时数年。22岁得补博士弟子员。23岁以考试成绩优异为郎中，即皇帝的侍卫官。23～34岁侍从汉武帝巡视各地和祭祀五帝。35岁为郎中将，以特使身份奉使西征西南，安抚少数民族，设置五郡。36岁父随汉武帝去泰山封禅至周南（今洛阳一带）病危，临终嘱咐司马迁继孔子而读《春秋》，司马迁侍从汉武帝至泰山、海边、辽西、九原（今包头），回到甘泉。37岁随汉武帝到缑氏（今偃师）、东莱、濮阳瓠子黄河决口处，负薪塞决口。38～41岁继父职为太史令，立志于修史事业，随汉武帝周游各地，祭五帝，祭后土祠，封禅泰山，立德，立言，立功。42～43岁介议并与上大夫壶遂等制定《太初历》，汉武帝宣布废《颛顼历》，司马迁开始著述《史记》，"绝宾客之知，忘室家之业，日夜思竭其不肖之才力，务一心营职。"46～47岁随武帝至河东，祭祀后土。苏武出使匈奴被扣，汉武帝发兵讨伐，李陵为将战败被俘，汉武帝询问对李陵看法，司马迁说：李陵投降是因众寡不敌，又没有援兵，责任不全在李陵身上。汉武帝认为司马迁有意替李陵辩护开脱，于是把司马迁投入监狱，要处以死刑，司马迁为著述《史记》而忍辱苟活，自请宫刑，是年作《悲士不遇赋》。49岁被赦出狱，任中书令，发愤著《史记》。55岁完成《史记》，作《报任少卿书》："仆近自托于无能之辞，网罗天下放失旧闻，考之行事，稽其成改败兴坏之理，凡百三十篇。"56岁死因不明。《史记》斥责汉武帝"内多欲而外施仁义"，武帝勃然大怒，将《史记》手稿付之一炬。《汉书旧仪注》："司马迁作《景帝本纪》极言其短，及武帝过，武帝怒而削去之，后坐举力李陵，陵降匈奴，故下迁蚕室，有怨言，下狱死。"司马迁夫人柳倩娘为保住《史记》手稿，免遭满门抄斩，让两个儿子司马临和司马观身藏手稿逃回韩城，并改姓逃住巍山老禾坡下，定村名"续村"，隐名今"徐村"。数十年后外孙杨恽上书汉宣帝，献出《史记》手稿，公开发行至今，对后代贡献极大，影响深远。

文史圣域牌坊

陕西庙会

先贤神话人物庙

高山仰止木牌坊

司马古道

河山之阳石阶

太史墓南视

勉县武侯祠

勉县武侯祠位于陕西省汉中市勉县城西3公里处108国道之南，汉江之北，始建于公元263年的蜀汉景耀六年春，是全国最早并由汉蜀皇帝刘禅下诏修建的武侯祠，因此称"中华第一武侯祠"。唐、明、清等各代均有修葺。现有建筑多为清代所建，包括祠内外牌坊、山门、戟门、琴楼、钟鼓楼、乐楼、献殿、崇圣祠、东西辕门、墨林和望江楼等。尚有汉桂两株，汉柏22株和高约10米的旱莲一株，旱莲初春开花，香飘数里。山门前牌坊为八角上翘重檐两滴水式建筑，上书"汉丞相诸葛武乡忠武侯祠"。琴楼为券洞式城门建筑，钟鼓楼居其两侧，楼上正中设一石塌，上置古琴，相传为诸葛亮遗物，正中书写"高山流水"四字。献殿前有冯玉祥1928年书写对联："成大事以小心一生谨慎，仰流风于遗迹万古清高。"献殿正中神龛上供奉诸葛亮塑像，左手持六韬兵书，右手护膝，琴童书童侍立两旁，一持宝剑，一捧印绶，龛下关兴、张苞护卫在侧。神龛上方悬挂清代皇帝御赐的"忠贯云霄"匾额崇圣祠供奉汉蜀大将姜维塑像，前有对联："兵在攻心三分聊竭解悬力，鱼如得水六出城为尽瘁哀"。墨林内有唐代李商隐、宋朝陆游、明代薛宣和清代王士祯等赋诗题词碑石60余通，匾30多方，对联20余副，以唐贞观十一年沈迥刻立石碑"蜀汉丞相诸葛武侯新庙碑铭并序"最为珍贵。武侯祠集建筑、书法、绘画、雕塑、碑词和园林等艺术为一体，是陕西重点观光旅游胜地之一。

诸葛亮，字孔明，汉末徐州琅琊阳都武乡（今山东沂南县）人，生于汉灵帝光和四年（181），父亲诸葛圭，在东汉末年做过泰山郡丞。诸葛亮早年丧父，建安二

乐楼前牌坊

诸葛亮塑像

陕 西 庙 会

戟门

西辕门

墨林

琴楼

（197）移居隆中（今襄阳县）隐居乡间耕种，建安四年（199）19岁时从师于水镜先生司马徽。建安十二年（207）27岁时，刘备"三顾茅庐"于襄阳隆中会见诸葛亮，问统一天下之计。诸葛亮提出先夺荆、益作为根据地，对内改革政治，对外联合孙权，南抚夷越，西和诸戎，等待时机，西路出兵北伐，从而统一全国的战略思想。刘备听后思想豁然开朗，觉得诸葛亮人才难得，恳切请他出山，帮他完成复兴汉室的大业。诸葛亮遂出山辅佐刘备，联孙抗曹，大败曹军于赤壁，夺占荆州，建安十六年攻取益州，继而击败曹军夺得汉中。建安二十六年刘备在成都建立蜀汉政权，诸葛亮被任命为丞相，主持朝政，形成三国鼎足之势。章武三年（223）刘备病危，以后事相托，刘禅继位，封诸葛亮为武乡侯，领益州牧。诸葛亮勤勉谨慎，大小政事必亲自处理，赏罚严明，与东吴结盟，改善和西南各族关系，实行屯田，加强战备。于建兴五年（227）上疏于刘禅，率军出驻汉中。前后六次北伐中原，多以粮尽无功十二年。终因积劳成疾，于公元234年病逝于五丈原军中。生前留言要求葬于汉中定军山下"敛以时服，不须器物"。传说因墓中随葬简陋或世人敬仰孔明才智，千百年来无人盗掘。

勉县武侯祠的会期是三月八日到十日的旱莲节和清明节。

37

陕西庙会

周至豆村关帝庙大蜡会

豆村位于周至县终南镇西南，号称天下第一村，有一万三千余人，东南西北四个队。周代以村中制造豆形饮具而得名。原有庙宇74座，现只剩关帝庙。1999年重建，每年四月初六到初九为庙会日，会前灌制大蜡。因此也称大蜡会。

灌制大蜡按东南西北次序轮流负责，本队无人会灌制时，可请会者灌制。2004年经办队为一队，请二队赵立功灌制，而一队尚存德和李拾得当正副会长，负责会间一切事务。2004年灌制的大蜡高约1.5米，120斤，有三级：一级蜡径约一尺，上有一蜡盘，直径约2尺，周边分布有20个小灯；二级蜡径约8寸，外盘约1.5尺，分布有16个灯；三级蜡径约5寸，外盘径1尺，分布有10个灯。蜡顶为高半尺的九股火焰。蜡身装饰有花、虫、鸟、镜、豆、果，包括蚂蚱、鸟、螳螂、蜻蜓、蚕、葫芦、豆角、五味子、葡萄、辣椒、镜子等。大蜡外套花罩，牢固地固定在专制座上。

初八早8点众人从灌蜡房抬蜡上汽车，巾帼锣鼓队迎出，然后逐巷游演，称游蜡。游至某家门前时，主人端烟酒茶招待，并捐钱资助。蜡到达关帝庙时放炮，然后停放，让人们观看，最后置放于关帝庙内点燃，直到下一年。

蜡上牡丹旁的对联是：春前有雨花开早；秋后无霜叶落迟；风调雨顺，国泰民安。

关帝庙门上的对联：青灯观青史着眼在春秋二字；赤面表赤心满腔存泽鼎三分；志在春秋。灌蜡房对联：千秋忠义填江海；万古英灵炳日月；垂训教人。

会上信徒日夜群集念经、唱经、劝经和孝经等活动。会上还有几位80余岁的老人摆滩卖荷包等绣品。剧团到会演出五天。村中的秦腔爱好者夜间自乐到半夜以后兴尽方罢！

戴好装饰罩的大蜡

陕西庙会

先贤神话人物庙

迎大蜡出蜡房

大腊置于庙内让人观赏

给大蜡戴罩

沿村巷游演

大蜡和关帝塑像装车

关帝塑像与大蜡到庙前

看大戏

豆村关帝庙

户县华佗庙

户县华佗庙位于户县沣京路与人民路什字东北约百米处，距户县汽车站不远，从西安城南客运站乘西安到户县汽车约一个小时到达。

华佗，字元化，沛国谯（今安徽亳县）人，约生于汉永嘉元年（145），卒于建安十三年（208），《后汉书华佗传》："年且百岁，而犹有壮容，时人以为仙"。当时军阀混战，水旱成灾，疫病流行，华佗痛恨封建豪强，同情受苦群众，到处为群众治病。他继承扁鹊学说，深入研究张仲景的《伤寒杂病论》，发现了心脏体外挤压法和口吸法、麻沸散和五禽戏疗法等，精通针灸术，是我国外科手术鼻祖。曾为关羽刮骨疗伤，为曹操医治头痛病。也有不少弟子，包括当时西安的李当之。传说曾著有《青囊经》，不幸被华佗"索火烧之"。

传说华佗的西安弟子李当之曾在户县一带为县令母亲和百姓治过病，医术医德深受官民崇敬，县令为纪念华佗弟子的恩德，在户县修建了华佗庙。另据户县华佗庙石

华佗庙华佗治病壁画

陕 西 庙 会

华佗庙山门前群众

华佗庙华佗殿

华佗庙华佗塑像

华佗庙刮骨疗伤壁画

　　碑载，户县华佗庙始建于明末，户县百姓为祭祀华佗医术和医德在户县城东街修建了华佗庙，以求医问事。建成后，求医问事者络绎不绝，常年香火缭绕，每逢会期，信众献戏三台，远近闻名，牌匾满院，求医问事无不灵验。后因县城扩建而毁。此后户县东街附近八村民众倡议并决定于1992年集资恢复华佗庙，1994年元月竣工，并于农历二月初八对外开放。

　　建成的华佗庙由山门、武魁殿、文曲星殿、菩萨殿、关帝殿、华佗殿及其烧香亭、斋堂和东街老年活动中心等组成。华佗殿是华佗庙的中心，坐东向西，殿内供奉医圣华佗、张仲景和孙思邈的塑像。南北墙壁彩绘华佗为民医病和为关羽刮骨疗伤的壁画。菩萨殿内供奉五大菩萨塑像。关帝殿内供奉关羽塑像，墙壁上彩绘关羽仁义忠勇故事。

　　华佗庙的会期是每年农历二月初八和九月初九。会期间除众多村民烧香朝拜求药外，附近村民献戏、跳秧歌和演奏锣鼓。

耀县药王山药王庙

　　药王山药王庙位于铜川市耀州区东1.5公里处的药王山腰，始建于唐末，宋、金、元、明、清、民国各代均有扩建和修葺，保留有诸代洞殿建筑二百余间，碑石造像百余通，名碑150余块，木石牌坊10余座，神像数十尊，国内少见的元代壁画，唐柏等诸多历史文化遗产，是集山川风光、古代医药医德、道教文化和人文景观于一体的著名游览祭拜圣地，1961年被国务院授予全国第一批重点文物保护单位。

　　药王山原名五台山，由五座山峦组成，形如五指，五峰环拱，古柏苍翠，唐代名医孙思邈晚年隐居此山为群众治病，并著述医书，后人为纪念药王孙思邈，在五台山修庙祭祀，成为医宗圣地。药王庙由北五台山和南庵两部分组成。北五台的主要建筑有：药王洞或药王大殿、献亭、十大名医殿、碑亭、财神殿、土地庙、火神庙、洗药池、吕祖殿、天宝塔、古塔亭和摩崖造像等。药王洞也叫太玄洞，修建于明嘉靖五年（1526），嘉靖三十七年（1558）在南庵建孙真人祀殿。药王大殿靠山正中有明代孙思邈彩塑一尊，神龛上方有松鹤延年雕画，背后有岩洞，俗称药王洞。洞内刻有全国各地药王庙的石谱，每年二月二前都要到这里取神水。大殿左前方有内塑扁鹊、仓公、张仲景、华佗等十位古代名医坐像的十大名医殿，重塑于清乾隆年间。献亭东侧是内立30多通赞颂药王医术医德的石碑的碑亭。其中四通刻有《千金要方》《千金翼方》中所述900多服常用药方。石碑《海上方》刻有卫生常识和常用验方100多服。药王孙思邈隐居五台山期间，不仅为上山求医的人治好了病，后世众多上山求药人按碑石药方诊治也得到了健康。因此，唐太宗颂曰百代之师，宋徽宗敕封妙应真人。后人

药王孙思邈石雕像

药王山山门前为民治病的医生

尊称药圣、药王。南庵是药王隐居之地,是唐至明中期的祭祀场所,也是关中重要道观之一。其主要建筑有戏楼、山门、七间祀殿、金元殿、手植柏、碑廊、隐居地、祭祀广场、药王石雕立像、孔庙、文昌楼等。太玄洞戏楼为清代建筑,曾多次维修。七间殿是民国十四年(1925)在原三清殿和应元殿基础上合并改建而成。隐居地内有药王坐像和医德典故和名言录。祭祀广场是历来的祭祀场所。

孙思邈,西魏大统七年(541)生于陕西省耀州区孙家塬村一贫寒家庭,少时多病,但聪颖好学,罄尽家资立志学医,通老子、庄子及百家之说,兼好佛典,北周大成元年(579)以王室多故,隐居太白山学道,炼气,养形,研究养生长寿之术。周静帝即位,杨坚辅政时,征为国子博士,称疾不就。隋大业年间(605—618)游蜀中峨眉山。隋亡,隐于终南山,与高僧道宣相友善。唐太宗李世民即位,召至京师,以其"有道",授予爵位,固辞不受,再入峨眉炼"太乙神精丹"。显庆三年(658)唐高宗又征召至京,居于鄱阳公主废府。翌年,高宗召见,拜谏议大夫,孙思邈仍固辞不受。咸亨四年(673)高宗患疾,令其随御。上元六年(674),辞疾还山,高宗赐良马,假鄱阳公主邑司以属之。孙思邈晚年隐居于五台山太应洞里,每天著书看病。著有《千金要方》《千金翼方》《老子注》《庄子注》《枕中素书》《会二教论》《福禄论》《摄生真录》和《龟经》等。找他看病的人络绎不绝。永淳六年卒,遗令薄葬,不藏明器,祭去牲牢。宋徽宗崇宁二年(1103)追封为妙应真人。他一生钻研医

陕 西 庙 会

药王洞正面

药王洞

七间祀殿

药王洞前路

药王洞内药王塑像

洗药池

术,细心为群众治病,认为:"人命至尊,有贵于千金,一方济之,德逾于世。"他学习和治病的作风胆大而细心,名言"胆欲大而心欲小,智欲圆而行欲方"永远是后人敬仰和学习的尊师。孙思邈的一生再次说明,历史上凡德高业精并为群众做过好事的人,后人总是感恩不忘,并化为传承久远的民俗活动。药王山每年二月二的庙会就是群众为祭祀药王而形成的。

陕 西 庙 会

西安老洞庙

西安市灞桥区席王街道办的刘村、石家道、莫灵庙、魏家巷、何家街、马家湾、杨圪塔和赵巷子八个村，每年农历二月初一到二月初二均要轮流举办规模巨大的（约12~13万人到会）老洞庙会。二月初一举办娘娘会，二月初二举办药王会。据《咸宁县续志》载，老洞庙始建于明朝隆庆年间，由两位王牛姓的善士募资创建。原庙洞殿设在石家道村南面的土山上，清同治年间曾因战火被毁，光绪年间重修，民国初期曾扩建与修葺，形成了一处殿、洞、楼、阁齐全的宏伟道观。1965年被砖瓦厂拆毁，20世纪80年代后西李村李志贤和席王王妙玄等热心人倡导，周围各村以及临潼群众自发出资在东边部分搬走的半山上修复成现状。老洞庙分东西两山老洞庙，共有十殿和18个洞，内供奉诸多神仙，主角为药王孙思邈，尚有玉皇、王母、老母、太上老君、三太白、三官、财神爷、关帝、二郎神、阎王爷、释迦穆尼、千手眼观音、送子娘娘、阿弥陀佛、弥陀佛、18罗汉、土地爷等。老洞庙会全由八村轮选的会头与执事管理，没有道士与和尚，庙会期间附近及各县约60家鼓乐秧歌队送社火上山祭拜上香，尚有社火、社戏、高跷、杂技、武术表演，庙会也是一次民间物资交流大会，约数百家公私商店及农民摆摊设点出卖农具、树苗、文具图书、食品、日用百货等丰富的物品。庙会期间，人们享受美食，购物，爬山登高，看锣鼓秧歌表演，看摔跤，看大戏，耍各种游戏，听道，讨吉祥等，热闹非凡，真是中国老百姓的狂欢节。

西山老洞庙

陕西庙会

先贤神话人物庙

西山诸神老洞庙

玉皇殿

南天门

何家街村乐队表演

上香秧歌表演

刘村锣鼓队表演

席王乡石家道村老洞庙会摔跤

席王乡石家道村老洞庙会唱大戏

大荔阿寿村药王庙

　　阿寿村药王庙位于渭南市北边大荔县城西南约10公里的八鱼乡东北方向，是一个"四社八堡，十六庙，当中加个药王庙"的较大乡村庙会，每年农历二月初一到初三举行，声势浩大，热闹非凡。其清代的盛况在颐和园的画廊中有记载。会前村民推选能工巧匠用精面制作药王祖庙的各种建筑物面花和鸡（象征吉）、蝠（福和富）、鱼（余）、兽（十二属相象征寿）面花以及各种贡品。各社（两个堡或村组成一个社）演练自己的花苫锣鼓及社火，妇女赶制花苫和万名伞等女红。同时选派青壮年到耀县蜗牛山药王洞取神水。古时，取水人身背水篓，手敲铜锣，沿途不停步，设站接力传递，直背到大荔王家店庙。阿寿村药王庙备有探马，背水人一到王家店庙，探马立报，庙中执事组织人马迎水，探马引路，差人鸣锣开道，锣鼓队伴奏，后有旌旗、斗子和彩伞，中间为药王祖庙建筑群面花和各类供品。最后是花轿、官人、花苫锣鼓队、戏场人马，依次随行。接水到达药王庙后爆竹齐鸣，万众欢迎，四人抬水篓者

阿寿村献供品

陕西庙会

药王庙会花苫锣鼓队

阿寿村药王庙药王塑像

老鼠嫁女面花

药王洞面花

阿寿村献供馍妇女

药王庙会牛社火

　　行至庙内，将神水倒入神座前的神水潭内，以供村民求水时施舍。药王祖庙面花则摆放在数张贡桌上供村民观赏。二月初一子时以后，村民开始为药王送衣、鞋和各种供品，有病百姓求水治病和还愿者络绎不绝，一直延续到初三深夜。

　　新中国成立后虽经过"移风易俗"，但其民俗的主要形式和内容至今未变。只是把取水的工具换为摩托车和塑料桶，演奏花苫锣鼓的姑娘们都戴上了墨镜。值得赞扬的是，阿寿村药王祖庙面花在陕西省面花制作大赛中获得了一等奖。

绥德蕲王庙

绥德蕲王庙位于绥德城南约15华里的一步岩，是人们追悼韩世忠的庙宇。韩世忠，南宋抗金名将（1089—1151），字良臣，宋哲宗元佑四年己酉（1089年四月十六日）生于绥德东南的纸房沟村的贫苦家中，曾随母流落街头，寄居于绥德南关砭上村。18岁时曾在一步岩降服烈马。后从军在银州（今米脂）首战西夏军取胜，并在河北、山东、河南、浙江、江苏、安徽、福建和湖北等地抗击金兵，屡建战功。后随宋高宗南下，官至浙江制置使。宋建炎四年（1129）以八千部卒与金兀术十万大军激战于今南京附近的黄天荡，使金兀术进退不得，绍兴四年（1134）曾在今扬州西北的大仪镇大破金伪齐联军，还与金兵在涟水、淮阳等地进行过大战，全身刀剑伤累累，两手仅全四指，后任江南东、西路和建康、镇江、淮东宣抚使，屡胜金兵。秦桧搞议和苟安时曾直谏皇帝，遭被解除兵权，被授予枢密使，但仍直言抗疏，反对议和，并面诘秦桧迫害岳飞父子，因不被采纳而自解职，三年闭门谢客，于1151年含愤病逝于绍兴。数十年后，宋孝宗年间追封蕲王，谥号忠武，配飨高宗庙庭。可谓民族的英雄，绥德的骄傲。

绥德一步岩蕲王庙原为佛门永寿寺，创建于北宋，传说寺中同时祀有蕲王。清乾隆三十二年专建蕲王祠，乾隆三十七年重新建成蕲王庙取代了永寿寺。由于历史变迁和种种原因，至20世纪末，蕲王庙几濒于废墟。1980年后，附近七村群众集资修复20余年，建成了山门洞、蕲王石塑像、石牌楼、摩崖石题刻、碑亭、蕲王殿、水泥道路和花草树木，使其成为人们祭祀悼念蕲王韩世忠和旅游观光的胜地。

绥德的蕲王庙，除一步岩外，尚有纸房沟村蕲王庙、南阳寺蕲王庙、砭上村蕲王庙、郝家沟蕲王庙和南关蕲王庙。会期为农历三月三日；七月初七～初八日。

韩蕲王石塑

陕西庙会

先贤神话人物庙

【陕西庙会】

韩世忠与梁红玉

蕲王故里牌坊

槐生椿　　　蕲王殿

蕲王庙山门洞

韩世忠与梁红玉画像

陕西庙会

斗门牛郎织女庙

　　西安长安区斗门镇牛郎织女的故事起源于大约春秋时代,《诗经·小雅·大东》:"维天有汉,监亦有光。跂彼织女,终日七襄。虽则七襄,不成报章。睆彼牵牛,不以服箱。"史载,汉武帝元狩三年(前120)为训练汉军水上作战本领开挖了昆明池,并命人在池岸东西立牛郎织女石像,作为"天河"的标志。两像相隔两公里,常家庄村北约一公里处"织女庙"内的石像,实为牛郎上半身火成岩质圆雕像。高约1.92米,宽约1.3米,头部硕大,面稍左倾,短发,阔额,宽眉,交襟上衣,腰间束带,右手半举,左手平置胸前,线条粗犷,造型古朴,是中国现有最早的大型石雕。现存斗门镇棉绒加工厂后院的石婆像实为织女像,火成岩质,圆雕跪坐像,高约2.3米,宽0.9米,发辫后垂,面庞丰腴,口鼻稍残,有补刻痕迹,右衽交襟长衣,双手环垂腹前,刀法简洁,造型古朴。十年前人们将织女像误为牛郎像,致使织女像暴露在阳光和风雨之中,现在已有面积约5平方米的小庙,上香拜叩者日益见多。常家庄北的牛郎像,人们习惯将其当织女像供奉,建造了规模较大的庙宇,建筑有山门、玉皇殿、圣母殿、龙王殿、织女殿和石床等。

石婆(爷)庙前人群

先贤神话人物庙

陕 西 庙 会

(牛郎)织女殿	 摸拜石爷人群
 土门锣鼓表演	 玉皇殿
 摸拜石床妇女	 渡人船上纸钱

　　这两处的石像所在地，每年正月十七日和七月七日均过牛郎织女节，村民设置了渡人船供香民祭祀亡人，人们排长队摸拜石像和石床，香烛、彩旗、花灯、锣鼓、秧歌、唱戏……一片欢乐的海洋。据说，周围村中女孩在七夕前举行乞巧活动，取雨水放置露天一夜，再晒半天，中午时将绣花针或扫帚梢放在水面，浮而不沉，其影或散如花、或动如云、或成雾形而巧妙者，认为是"乞得巧"；如针影或粗或直，五花样者，便是"乞得拙"。乞得巧的女子被称为巧姑。

　　西安市长安区2006年编制了昆明池遗址风景区规划，占地10平方公里，引皂河水入池，水域600亩，计划投资23.46亿，投资2.86亿建立七夕文化景区，将使昆明池成为新的旅游观光区。

陕西庙会

西安马腾空白雀寺

　　白雀寺位于西安市雁塔区马腾空村白羊嘴半崖土台上,东临浐河,西靠杜陵塬,东南上方有浐河特大桥擦空而过。它始建于距今1300余年的唐代贞观年间,现仅存山门、天王殿和白雀公主殿。相传有一王子身患重病,需由一亲属舍眼和手方可痊愈。王子的妹妹白雀公主将自己腕眼剁手治好了王子。公主死后葬于此地宝塔之下,故名白雀寺。白雀公主的亲情精神深深感动着人民群众。白雀寺自建立以来,虽多次遭受过兵劫人毁,群众又一次次将其修复。并且从未中止过祭拜。每年农历四月初八是她的祭日,周围群众每年都要过庙会祭拜。马腾空村虽由于修建浐河特大桥而已搬迁,但群众过会的盛况有增无减。灞桥区穆将王锣鼓队,狄寨街道办金潭沱村鼓乐社,碑林区草场坡村鼓乐队,雁塔区等驾坡街道办白杨寨村鼓乐队等均来进香祭拜。

金潭沱鼓乐社表演

陕西庙会

穆将王村民间鼓乐社上香途中

大雄宝殿前演奏锣鼓音乐

白杨寨村鼓乐社在天王殿前演奏

金滹沱村鼓乐队表演

大戏台与锣鼓社

陕西庙会

韩城法王庙

法王庙位于韩城市北约10公里处西庄镇，始建于宋真宗乾兴年间（约1022）。明崇祯五年石碑记载："法王姓房，名寅，字百虎，唐末西庄附近（即西庄镇井溢村）人，相传为屈原后裔，修道于灵贶观，因灵通帝梦，用针砭之法，使太子降生（即宋仁宗赵祯），朝廷有感而册之。至仁宗听政，追封为岳法王，遂建庙祀之。"又说："法王善禁咒之术，宋真宗病疽，诸医不效，一夕梦一神人怒目巨睛，乘虬龙而下，以水巽之者数回，香汗淋漓，顿觉体轻，如无病者。然帝问卿系何处？对曰："臣家在韩城西庄槐柏相抱处，又先其姓氏家属。诏访所居，果得其地，遂建庙祀之，封号法王。"此后，宋、元、明、清各代均香火甚盛。

据长者讲，原法王庙内有法王塑像，并有法王用的宝剑一口，庙内尚有戏楼一座，庙南有法王墓塔。但现在只存献殿和寝宫，庙南法王塔墓尚存。为纪念法王，西庄镇东庄、西庄、郭庄、井溢村、上千台、下千台、柳枝村和杨村八个村社每年清明、七月十八和十月十七日，三次举办庙会，庙会活动以耍神楼为主，敲锣鼓，摆仪仗，唱大戏。神楼分文神楼和武神楼两种。文神楼较大，内坐数尊神像，须要多人抬动。武神楼较小，内坐一到二尊神像，二到五人抬耍。耍神楼时，各村神楼队伍高举社牌并用龙杠抬法王神楼，带着响铳，敲锣打鼓列队上庙。其中井溢村抬着文神楼，

黄河锣鼓

陕西庙会

十六抬文神楼

韩城法王庙

黄河锣鼓表演

抬黑虎与灵官武神楼

抬双神楼舞

抬者黄袍披身，牌头书写"法王故里"，举步安闲，动作沉缓，文质彬彬，显示稳重荣耀姿态。武神楼动作勇猛，舞姿多变，豪放不羁，有跑、跳、俯、仰、进、退、旋、扭、抢、列等。抬耍神楼是韩城群众借祭神、祈雨、还愿等形式开展的百姓喜闻乐见的特有文化艺术娱乐活动。

户县钟馗宫

户县钟馗宫位于西安市户县石井乡阿谷泉村牡丹苑内，20世纪80年代以前阿谷泉有一古庙，始建年代难考，相传是唐代赐福镇宅圣君钟馗故里遗址。现钟馗宫是1995年在原古庙基础上修建的。钟馗宫由宫门、钟馗殿、厢房和读书亭组成。殿内有钟馗塑像，墙壁绘有钟馗茅房苦读、钟馗嫁妹、钟馗赐福和钟馗驱邪彩色壁画，悬挂有中国台湾台中雾峰圣龙宫所赠锦匾。每年四月初八日、五月初五日、七月初七日为钟魁节。其间除游人上香参拜外，举行跳钟馗、闹钟馗等活动。跳钟馗多在端午节演出，寓意消除五毒，四季平安，人寿年丰，用于开地、开盘、开业、开台、开庙、谢土、婚寿、祈福、除煞和节庆等活动。钟馗文化与端午节已列入世界非物质文化遗产名录。户县的钟馗画是人们喜爱的年画，老百姓将其奉为镇鬼魃邪的门神、禳灾祛魅的灵符、捉神惩鬼的猛将、祈福赐祥的财神，遗留有许多脍炙人口的传说。钟馗是唐代平民知识分子，他的刚强不屈精神也深受历代文人崇拜，成为许多画家、剧作家喜爱的创作题材，遗留有许多感人至深的画作与戏剧。他是历代人们反腐倡廉和惩恶扬善的精神力量。

据唐开元钟馗碑载，钟馗是唐朝户县甘河镇甘河村一位出身贫寒的书生，因家中遭遇火灾随父母搬迁到阿福泉（今阿谷泉）。钟馗自幼饱读诗书，勤学苦读，才华出众，但相貌奇丑无比。相传钟馗科考时一路过关到殿试，考官无法容忍他的丑貌，取消了他的录取资格，钟馗不能容忍对他的屈辱，以死抗争，一头撞殿柱而亡，死得豪迈。冤屈不久，唐明皇身患重病，梦中常受小鬼骚扰，无法安睡。一天深夜梦见一小鬼盗取心爱的乐器，还狂呼乱叫。懊恼间，忽见

钟馗嫁妹

陕西庙会

钟馗宫

钟馗宫山门

钟馗塑像

驱邪图

一蓝衣人从天而降，捉住小鬼吞下肚里。唐明皇惊醒后，怪病不治而愈。回想梦中蓝衣人就是丑陋的书生钟馗。于是请画家吴道子给钟馗画神像，悬挂于宫内外以求祛邪保平安。唐玄宗曾封他为赐福镇宅圣君。自此钟馗名声大噪，成为名扬天下的捉鬼大神。北宋鉴赏家郭若虚评论吴道子的钟馗画时说："昔吴道子画钟馗，衣蓝衫，革敦一足，眇一目，腰笏，巾首而蓬发，以左手捉鬼，以右手抉其鬼目。笔迹遒劲，实绘事之绝格也。"

传说钟馗蒙受冤屈感动了玉皇大帝，于是大发慈悲，派使者通报下界，委任他为阴阳两界判官。这就是百姓遇不公之事敬拜钟魁的原因。

榆林卧云山永怀阁

榆林永怀阁位于榆林市城南约10公里的卧云山任家沟村旁,是榆林市卧云山周围人民群众为纪念毛泽东、周恩来、朱德等老一辈革命家在陕北的丰功伟绩而修建的纪念堂。纪念堂经自发筹资,社会各界人士关心支持,四乡农民积极参与,有钱出钱,有物献物,自愿做工出力,于1994年5月17日奠基动工,经过三年建设,1996年9月9日落成。其建筑包括广场、永怀阁、展览室和绿化区,面积60亩。主体建筑永怀阁为歇山重檐两滴水式传统建筑,飞檐斗拱,雕梁画栋,高10.2米,表示毛主席诞辰102年修建;宽9.60米,表示中国国土960万平方公里,基深12.26米,表示毛主席生日12月26日;阁前30级台阶,表示毛主席在世时全国有30个省、市、自治区。阁内正中央安放毛泽东、周恩来和朱德三位老革命家汉白玉塑像。毛泽东塑像高1.92米,周恩来和朱德塑像分别高1.82米。据说红军长征时,毛主席夸奖宝兴的石头好,群众就用宝兴的石头给毛主席、周恩来、朱德三老雕了像。阁内不设蜡台香炉,规约中不许烧香磕头,但可敬献香烟。阁前尚有花坛、绿地和蓄水池。阁后有秦代观星、祭星和占星的秦帝国全天星台遗址。周围有明代兴建的真武祖师庙、红狐祖师庙和1995年民办的3000亩植物园。植物园内已有1582个木本植物,苗圃30亩,温室192平方米,木本花卉85种,牧草5～6种,蔬菜4～5种。这里每年有数次庙会活动,以农历四月初八日为最盛,瞻仰、旅游者近十万人之多,常年络绎不绝。群众实行以庙养山,以庙养馆,以庙养园,滚动发展的办法,已使永怀阁成为旅游观光和瞻仰老一辈革命家的旅游胜地和革命传统教育基地。

三老坐像

陕西庙会

先贤神话人物庙

【陕西庙会】

永怀阁前花坛

榆林卧云山永怀阁广场

榆林卧云山永怀阁与纪念石碑

永怀阁石碑

叁 道教宫观

　　道教有五大宗派,它们是汉代张道陵创立的正一道;金世宗大定七年（1167）王重阳创立的全真道,主张儒释道三教合一;金熙宗皇统年间刘德仁创立的真大道,主张"以苦节危行为要,不妄取于人,不苟侈于己者也";金熙宗天眷年间卫州萧抱珍创立的太一道,主张以老子之学修身,以巫祝之术御世,传播"太一三元法箓"之术;发勒于南宋高宗绍兴年间（1131—1162）净取忠孝道的净明道,侧重以符箓禁咒驱邪降妖,以守一斋醮修仙度人。

　　陕西省是道教祖师老子著述《道德经》和陵墓所在地,有道教圣地楼观台、道教五大派祖庭之一重阳宫、龙门派所在地龙门洞、北七真派祖庭之一玉泉院、八仙之一韩湘子祖庭湘子庙、赵公明故里财神庙,以及著名道人张三丰修养之地金台观与午子观等大批道教宫观。

周至楼观台

楼观台位于周至县城东南20公里处的终南山北麓，是道教发祥地，因老子李聃在这里留下《道德经》而闻名于世。《道德经》初名《老子》，成书于战国中前期，含有丰富的辩证法思想，老子哲学与古希腊哲学是人类哲学的两大源头，老子也因其深邃的哲学思想而被尊为"中国哲学之父"。老子的思想被庄子所传承，并与儒家和后来的佛家思想一起构成了中国传统思想文化的内核。老子的哲学思想和他创立的道家学派，对我国古代思想文化的发展作出了重要贡献，并对我国两千多年来思想文化的发展产生了深远的影响。老子创立道教后被尊为"太上老君"，从《列仙传》开始，老子被尊为神仙。秦始皇二十八年在楼观之南建庙祭祀老子，从汉代起，历代帝王开始到老子诞生地河南鹿邑祭拜老子。

老子于公元前570年左右西周末年武丁朝庚辰二月十五日卯时诞生,生活年代约在周灵王元年至周敬王卒年，楚国苦县厉乡曲仁里人（今河南鹿邑太清宫镇），汉族，本名老阳子，字耳，学称阳子，爵称伯阳，官称老聃或老君，曾称老莱子，《左传·定公四年》载："武王之母弟八人，周公为大宰，康叔为司寇，聃季为司空，五叔无官。"聃季即老子。《史记·管蔡世家》载："武王既崩，成王少，周公旦专王室，

宗圣宫老子殿南门内壁画

陕西庙会

明比三光牌楼

宗圣宫老子殿

楼观台宗圣宫北广场

封季载（君称聃季——聃国的君主）于冉。"因封地在聃国彭地（今开封一带），后人又称他为老彭和彭祖。汉武帝反黄老之道时，将聃季两字各去一半的贬义反称李耳。老子生活在春秋时期，曾任周景王司空，后在东周国都洛邑（今河南洛阳）任藏室史（相当今国家图书馆馆长）。他博学多才，比孔子大20岁，是孔子的老师，孔子曾多次问礼于老子。"单氏（穆公）取周"后，老子晚年于周康王时代乘青牛离周去秦。春秋时天水人尹喜，曾为周朝大夫，曾在终南山北麓结草为楼，研究天象，见有紫气西来，遂于函谷关迎老子于楼观，请著书以惠后世，老子遂为其授说《道德五千言》，故"楼观"又称"说经台"。唐代石碑载：楼观台始于尹喜，兴于周秦，置观源于周康王，置道士于观中也是周康王。秦始皇二十八年修筑清庙拜谒老子。汉武帝曾慕黄老之学筑望仙宫。魏晋南北朝时高道云集，楼观成道法重镇，誉为道教祖庭。唐高祖李渊追认老子为先祖，封老子为太上玄元皇帝，建祠立庙名曰宗圣观拜谒祭祀。唐高宗时赐地十余顷，并在说经台北二里处创建宗圣宫，内有殿、堂、楼阁、亭台、池洞等建筑50余座，常住道士200余人；武德三年（620）改楼观为宗圣观。宋时改

宗圣宫紫云楼

老子祠启玄殿

老君庙前拜祭人群

名为顺天兴国观。金代天兴年间（1232—1234）屡遭战乱，楼观焚毁殆尽。元世祖崇奉道教诏敕重修，改名宗圣宫，规模可比唐时。元至顺二年因山洪暴发，楼观建筑群再遭灭顶之灾，殿宇多半被毁。明嘉庆三十二年（1553）重建五祖七真殿。乾隆五十九年重修宗圣宫，此后至清末宗圣宫仅留残垣断壁，主体建筑仅存说经台，楼观从此改称楼观台。20世纪中后期说经台仅存启玄殿一座大殿，一度由周至县楼观台文物管理所管护，曾在陕西省文物局的资助下将碑石移至周至县城隍庙，并在原藏经阁旧址修建斗姥殿。

约在1983年中央政府落实宗教政策后，任法融大师担任楼观监院，于1985~1998年间相继修复了说经台上的救苦、灵官、太白、四圣诸殿和部分厢房，增建钟鼓二楼，又在说经台西南侧新建吕祖殿及客堂寮房，还在其西侧修建王理仙方丈纪念碑及中韩道教仙迹碑。香港谭兆基金捐资整修了登山步道，彩绘了殿堂。西安旅游集团先期投入两千万元，拓地百余亩，对宗圣宫废墟进行错位修复，2000年11月动工，历时两年，先后重建了北山门、三清殿、紫云楼、老子殿等主体建筑，遗址文物保护和园林景观改造，于2003年5月初始对外开放，终于2007年12月9日竣工。为彻底理顺楼观台的管理体制，西安市政府1994年决定文物管理所迁出说经台，并于2003年在楼观举行现场办公会议，将说经台全部移交给道观管理。此后在任法融大师主持下制定了楼观核心景区新建设规划，香港企业家李兆基、马来西亚许庆璋和广东邵向慧等人捐资修建成现状。2009年初楼观台住持任法融会长宣布，中国政府将拨款一亿元，扩建百余亩建筑，以三年时间于2010年完成，使楼观台成为中国的道教中心。

现在的楼观台由宗圣宫、说经台和老君炉三部分组成，古迹有五十余处，包括宗圣宫、说经台、炼丹炉、化女泉、上善池、吕祖洞、五老洞、老子墓、仰天池、镇仙宝塔、系牛柏、三鹰柏和古银杏树等。每年农历二月初七～初十日举办祭祀活动。

老君庙与炼丹炉

说经台老子面北坐像

炼丹峰

陕西庙会

周至西楼观台

西楼观台位于周至县楼观镇就峪口的大陵山，距西安约80公里，西靠黑河及108国道，北临107环山公路。附近九村13个社组成西楼观管委会管理西楼观事务，每年农历二月初九到十一日举行老子祭祀活动。2010年是老子诞辰2578周年，管委会决定大祭，祭祀活动除远近各地群众进香许愿外，9村13个社举行锣鼓秧歌舞队、扇舞队、腰鼓队和大鼓队等演出、送牌楼纸、送大蜡、酉龙再现、天官赐福、老君出游和耍马角等节目。其中纸社火是其特色之一。

据太上老君金书序云："季在癸丑，尹喜迎老子于东楼观说道德五千言，明年甲寅四月老君在大陵山升腾紫云，上登天界。因之，指大陵山为墓。"《水经·渭水注》记载："就水出南山就峪，北迳大陵（河）西，世谓之老子墓。""历有建筑，残留墓碑。"因此，老子墓及其祭祀老子的老君殿就在大陵山脚的就峪河西畔。大陵山顶有老子庙，老子庙内有紫云楼、吾老洞、送子娘娘洞、四子殿、无量殿、老君殿、救苦殿、斗姆殿和尹喜墓等建筑群。

2010年二月初十日这天，天气多云有雨，9个村的13个社的祭祀队伍相继来到大陵

紫云楼前老君像

陕西庙会

北寨村耍马角　　焚纸前祭祀锣鼓
西楼观老子墓　　老子出游
西楼观牌坊纸　　肖里村大蜡及其亭子

山老子墓和老子庙，锣鼓队伴随着老子骑青牛纸、大蜡亭纸、牌坊纸、青红西龙纸、天官赐福纸和马角等，来到大陵山山门前广场，表演了耍马角、施放天官赐福和西龙再现，接着举行了老君腾天界，同时牌楼纸和大蜡纸亭队伍抬着上山，将其送到山顶老子庙，相继举行祭祀秧歌舞、扇舞、腰鼓舞等演出，不久，山下腾空的两条西龙也落在吾老洞和老子墓，最后将其与其他纸祭品相继焚烧。这种祭祀老子的纸社火活动，发源于三四千年前周族首领在西观山屯兵与戎狄交兵取得胜利后祭祀周族英烈的祭日。决战发生在六月十九日，胜利日同时也是周族英烈的祭日，人们用纸和竹等材料扎制成庙宇、亭子、人、马、龙凤和花草等祭品，抬着游演举行祭仪，最后将其烧毁。从那时至今，纸社火便成为周族的乃至整个华夏民族的祭祀习俗。周至、岐山和扶风等一带将这一习俗传承至今。其实，这一习俗不仅被这一带的庙会祭祀所传承，全中国的华夏儿女在祭祀自己祖宗时所流行的烧纸，也是这一习俗的传承！

户县重阳宫与成道宫

重阳宫位于西安市户县祖庵镇,成道宫位于重阳宫东北约2公里处的成道村,距西安40公里,是道教全真派祖师王重阳早年修道、成道和遗蜕归葬之地,也是道教全真派三大祖庭(另两派是北京白云观和山西永乐宫)之首,享有"天下祖庭"和"全真圣地"之盛名。每年三月三日、三月十八日、三月二十日、四月初八日、四月十五日、五月二十日、九月九日举行祭祀。

重阳宫和成道宫始建于金,兴盛于元。元代鼎盛时期,一教独尊,是全国七十二路道教总集合点。宋代曾建三孔石拱桥,相传王重阳曾在此桥路遇钟、吕二仙,经点化出家修道,创立了全真教。明清以后道教衰落,重阳宫和成道宫大部分建筑毁损,解放后曾新建十余间碑刻陈列室,其中30余通价值较高的石碑集中在一室,称为祖庵碑林。"文革"中重阳墓被掘,石棺和遗骨弃之野外。落实宗教政策后,重阳宫和成道宫已逐渐修复。1997年香港青松观侯宝垣大师捐资修复了重阳宝殿、钟鼓楼、灵官殿、七真殿、白云灵祠和重阳陵园等建筑。2005年12月24日,八旬老人赵茂忠向陈道长报告,他曾将数枚灵骨埋葬于古银杏树下,然后焚香致祀,启开封土,发现了重阳灵骨,使灵骨失而复得。陈道长发心兴复陵墓,经中国道教协会同意,2006年4月14日开工,在十方善信支持下,于2008年12月竣工,并于2009年10月18日举行了重阳祖师灵柩安奉大典,开光对外开放。

重阳宫已在2007年被评为中国十大道教文化旅游胜地之一。现今重阳宫的建筑有山门、钟鼓楼、灵官殿、七真殿、重阳宝殿、重阳纪念塔、重阳墓园、白云灵祠、地宫和放生池等。规划中尚要建设三清殿、碑林苑、重阳武术学院、道教养生餐厅以及住宿休闲设施等。现今成道宫的建筑有玉皇殿、重阳殿、药王殿和活死人

王重阳塑像

中道协副会长黄信阳主持安奉大典　　任法融会长恭颂祭文
重阳宝殿　　祭拜重阳祖师
灵骨装入玉棺　　金丝楠木椁

墓碑等，30余亩规模的新成道宫已于2009年开工建设。

王重阳是陕西省咸阳大魏村人，1112年生于豪门，金正隆四年（1159）在户县甘河桥上遇钟、吕二仙，经点化，传授金丹口诀，弃家修道，金世宗大定元年50岁时与世隔绝，在户县南时村（今成道村）掘穴称"活死人墓"修真悟道，后迁刘蒋村（今祖庵镇）布道。金世宗大定七年（1167）到山东传道，收马钰、谭处端、刘处玄、丘处机、王处一、郝大通和孙不二为徒，即所谓"全真七子"，大兴改于天下，门徒奉其为始祖。全真教吸收道、儒、释三教之长，以老子道德经思想为正宗，不尚符箓烧炼，提倡"全神炼气""出家修真"。王重阳的传道思想是"天人合一，万类平等，以人为本，以和为贵，尊道贵德，克己利人。"这一思想至今仍有积极意义。王重阳在元世祖至元六年（1269）被追封为"重阳全真开化真君"，武宗至大三年（1310）加封为"重阳全真开化辅极帝君"。著有《重阳全真集》《立教十五论》《重阳教化集》和《重阳分梨十化集》等。

陕西庙会

户县化羊庙

化羊庙又叫化羊宫、东岳庙和太岳行祠等，位于户县东南13公里处的化羊峪口。化羊峪因传说有一位神仙指石化羊而得名，化羊庙又因位于化羊峪口而得名。传说化羊河水因落差大，沟壑狭窄而咆哮肆虐，两岸村落西浸东淹，人畜多有伤亡。这一灾情被东岳神看见，立即诏见脾气暴戾的化羊河龙君，下旨让河水改道，绕个弯再向北行，龙君唯诺遵旨，水流当即改向。东岳神还遣泰山东岳庙前一座狮子守护，监视化羊河蛟蟒行为。从此化羊河两岸村民安居乐业，人们为怀念东岳神造福于民的恩德，在化羊峪口修建了东岳庙和东岳行祠以祭祀东岳神。

化羊庙和东岳行祠始建于唐，有宋代宋真宗《东岳天齐仁圣帝》金匾和石碑。完善于明清，盛于民国年间。明宣德元年（1416）至清宣统二年（1910）曾先后七次修葺。原庙有殿宇17间，柏树林300余亩，规模恢宏，布局独特，既有元代建筑遗韵，尚存明清风格，以道教为主，儒释并重，三教启曜。除供奉东岳大帝、人文之祖、福禄寿三星、文昌帝君、王母、送子娘娘、疮癣娘娘、十殿阎君、财神、药王外，尚供奉菩萨、钟馗、龙王、孙悟空和宋代关中第一状元杨砺（931—999）塑像。东岳殿正中供奉东岳大帝，左右配享文昌帝君和杨砺。杨砺，字汝砺，户县庞光镇杨家堡人，幼年曾在化羊庙辟馆读书，宋建隆元年（960）庚申科状元，曾任工部侍郎等职，死后宋真

献殿

东岳大帝殿

药王殿

三天门

化羊庙戏楼

宗晋封为兵部侍郎,为纪念这位乡党英才,乡人在东岳殿塑像祭祀。人文之祖殿内供奉黄帝、炎帝、燧人氏、夏禹、范蠡、嫘祖、仓颉、后稷、鲁班和蔡伦。十殿阎君殿内供奉秦广王、楚江王、宋帝王、官王、阎君王、卞成王、泰山王、都司王、平等王和转轮王。历代名医殿内供奉孙思邈、岐伯、扁鹊、华佗、张仲景、王涛、雷公、蔺道人、王叔和、皇甫谧和李时珍。王母殿内除供奉王母和圣母外,尚供奉疮癣娘娘。传说她是正在修行的仙女,浑身长满疮癣,靠兄嫂养活,并受兄嫂虐待,一天天、一年年忍气吞声,默默度日,当她道行功满时,揭下的疮疤全是闪亮的黄金片。她对兄嫂说,这些黄金全给你们,作为报答,说完跨鹤成仙而去。世人认为她是治皮肤病之仙,立庙祭祀,以求健康美丽。

化羊庙于20世纪中叶濒遭劫毁,1982年由崔鼎丰倡导,周围八村民众集资,复制万岁牌,重塑东岳等神形像,重修戏楼、后祠、寝宫、三星殿、王母殿、送子娘娘殿、疮癣娘娘殿和东岳大殿等殿宇18间。1988年成立以崔俊岳为主任的理事会,依靠化羊三村、庞光镇三堡、周边各村及各地善信捐赠施舍,并得到省文管局、县镇政府与各村干部关怀指导,拼搏20余年,重修了二天门、药王殿、菩萨殿、山门两侧房舍、十方院东西厢房、碑廊、南北阁楼山巅亭台、财神殿、库官殿和厨所库舍等57间,翻新扩建东岳大殿,改换神容金身,彩绘壁画,雕梁画栋,已使化羊庙接近原貌,于2005年2月为民众提供了集祭祀、祈福、观光旅游于一体的人文景观。化羊庙会日为正月二十五日至二月初二和六月初八至十五日。

陕西庙会

陇县龙门洞

龙门洞位于宝鸡市陇县西北45公里处新集川境内的景福山主峰西北约6公里的"太上全真岩"顶，始创于唐代以前，周大夫尹喜，西汉娄景，唐代孙思邈等曾隐居于此。陇县龙门洞是陕西关中唯一悬空道观，具有泰山之雄伟，华山之险峻，衡岳之烟云，峨嵋之秀丽于一身，享有"第二华山"之美誉。每年农历三月初一到四月初八日是龙门洞会日，上山朝拜游山者络绎不绝。

龙门洞主供全真道龙门派祖师丘处机石质塑像。丘处机（1148—1227）是全真道龙门派掌教人，字通密，号长春子，后赠号长春真人，1148年正月初九出生于山东登州栖霞县，自幼失去双亲，尝遍人间辛苦，儿童时向往修炼成仙，少年时栖身村北公山。传说为磨炼意志，曾一次次把铜钱从石岩上扔进灌木丛，直到找到为止。19岁出家宁海昆嵛山，1168年拜王重阳为师，王重阳为他取名处机，1169年王重阳携弟子西游，途中病逝于汴梁，弥留之际嘱咐说："处机所学，一任丹阳。"自此在马丹阳教诲下，知识和道业迅速长进。后跟随马丹阳到终南山拜会王重阳朋友，将王重阳遗体葬于终南山。金大定十四年（1174）丘处机隐居陇州磻溪潜修6年，后又到陇州龙门山潜修7年。其间"烟火俱无，箪瓢不置""破衲重披，寒空独坐""行携蓑笠"，人称"蓑笠先生"，生活极为清苦，但"静思妄念，密考丹经"，潜心于养生学和道学的

龙门山与龙门洞山门

天仙楼（丘祖殿）　　真武殿院
小华山栈道　　玉皇洞中玉皇殿
太上、太白与王母　　混元洞仰视

研究，并广交当地文人学士，获得丰富历史、文化知识。金大定二十八年（1188）丘处机应金世宗之诏，赴燕京为王重阳、马丹阳塑像于宫庵，并主持"万春节"醮事，向皇帝作"持盈守成"的告诫，名声大震。金明昌二年（1191）秋，回故里修建滨都宫作为传道之所。1203年刘处玄去世，丘处机成为全真道第五任掌教人，时间长达24年，使全真道发展到兴盛时期。1221年曾应元太祖成吉思汗之诏，率弟子前往西域大雪山会见成吉思汗，应其"有长生之药否"之问时，答曰"有卫生之道，无长生之药"，"敬天爱民之本"，"清心寡欲为要"，并以戒杀、清心、寡欲等养生之理劝喻太祖。太祖深深折服，并予虎符及玺书赠之。获得"一言止杀之功"。后定居北京，建白云观，掌管道教事务，1227年卒，葬后殿，享年80岁。元世祖至元六年（1269）褒赠"五祖七真"徽号，赐号"长春演道主教真人"。著有《大丹直指》《磻溪集》《鸣道集》《摄生消息论》《玄风庆会录》《长春祖师语录》等。丘处机倡导内丹心性说理论和三教合一思想，力主以文载道，文道并重。既重视修心养性，也重视外修功行，内外结合，儒道结合，主张为民做实事，晚年不顾年老体衰，万里北行劝成吉思汗戒杀，确实是著名的道士和道教养生家。

长安王曲总城隍庙

　　王曲总城隍庙位于西安市南郊长安区王曲镇，距西安25公里，有4~18路公交车直通。总城隍庙始建于西汉，庙内主要供奉汉代大将纪信夫妇塑像，并供药王和观世音菩萨塑像。《史记·项羽本纪》记载，纪信曾两次救刘邦而死，刘邦追封他为主持阴曹地府的"地皇"，并赐黄袍加身，选择上林苑打猎休息之地王曲镇修建地皇庙祭祀。当地民众非常崇拜纪信，每年举行规模巨大的祭祀活动。汉文景二帝时，为顺应民心，将"地皇"庙改为"城隍"庙，供奉的纪信便由"地皇"神变为城隍神，并被后世皇帝追封为总城隍，庙也变为总城隍庙。新中国成立前的总城隍庙规模宏大，东西长460余米，南北宽320米，占地221亩，殿宇二百余间，戏楼三座，可容纳数千人祭拜，庙前有一南北长19米，高18米的雕花避水壁，内有避水神珠一颗，传说能阻挡滈河水冲进城隍庙。王曲总城隍庙南依终南山，北邻神禾塬，滈河水穿流于山塬之间，四季麦稻飘香，每年春节、二月初八和十月十五有三次庙会，人山人海，香火旺盛。新中国成立前，被胡宗南建立皇甫军校第七分校时占用，并拆毁了大部分。

朝拜人群

陕西庙会

药王

观世音菩萨

城隍和娘娘

烧香烧纸场面

王曲总城隍庙

百姓点蜡烧香

改革开放初期，村民自发集资修建了现有的三间大殿，供群众祭拜，声势和规模越来越大，庙会期间还有附近各村的锣鼓秧歌队表演，以二月初七到初九的庙会最盛。

陕西庙会

西安都城隍庙

　　西安都城隍庙位于西安市西大街中部,每年正月初一到十五,二月初二,二月十五,三月二十八,四月初八,四月十四,清明节,七月十五,九月二十二,十月初一均举行法会。法会期间常演奏城隍鼓乐和各区锣鼓。

　　西安都城隍始建于明洪武二十年（1387）,原址在东门内九曜街,明宣德八年（1432）迁建现址,是当时全国三大城隍庙之一,统辖西北数省城隍,故称都城隍庙。清代曾屡毁屡建。现有牌楼、大门、玉皇阁、文昌阁、乐舞楼、牌坊、城隍大殿、道舍和厢房等建筑。1942年部分建筑被日寇炸毁。2005年在西大街改造中修复了大牌楼和山门,改造了庙前广场,大牌楼上的"都城隍庙"和"你来了么"八字选自颜真卿真迹楷书。都城隍庙是西安市的一处靓丽道教宫观。

　　2008年戊子年正月十一,西安都城隍庙举行了盛大的本命年人祈福转运大法会,参与人逾百人,多为青壮年成人。

　　参拜祈福转运大法会的程序是：报名—领取法表—本命人读法表—道士诵法表—道士念本命人拜法名单—道士诵经六上香—道士施福—道士焚法表—本命人烧法表。本命人参拜祈福转运法会源于道教的传统。古代采用六十甲子纪年方法,每年一个属

为本命人祈福

陕西庙会

道教宫观

焚法表

戊子年本命人祈祷大法会

即兴表演

财神塑像、乐人与本命人

道士六上香诵经

陕西庙会

相，每年有一位值年太岁主宰这一年中出生的人的富贵贫贱和吉凶福祸，12年一个小轮回。所以每个人12年后会遇到自己的本命神值年。根据阴阳五行学说，如果这一年自己的生日与太岁神相克或相冲，则百事不顺；如果相生相合，则百事吉祥。所以人们特别讲究在本命年拜太岁神，穿红衣服，系红腰带，围红围巾，挂太岁神符，以免与太岁神相冲相克，以求逢凶化吉，遇事呈祥。

大法会期间，镐京村锣鼓队演奏了鼓舞，曲江武术队表演了武术，集贤村鼓乐社演奏了鼓乐。

韩城城隍庙

韩城城隍庙位于韩城市金城区东北隅文庙北邻，始建于明隆庆五年（1571），明万历五年（1577）扩建，此后曾多次重建，成为韩城市一座坐北朝南的四道院道教道观。其中主要建筑有琉璃九龙照壁、东西牌坊、山门、政教坊、威明门、广荐殿、德馨殿、灵佑殿和含光殿等。

琉璃九龙壁位于庙前，牌坊位于枝门东西，东牌坊上书额"监察幽明"，西牌坊上书额"保安黎庶"。

庙中所有建筑构架均采用彻上明造，梁架保留叉手，前后檐多用"大额"，山面用阑额和普柏枋，歇山顶收山较大，形制古朴，具有韩城明代建筑特征。

庙门是三门并列的正门和枝门，正门额书"城隍庙"，门外两侧各塑金刚神，四墙面砖刻"彰善瘅恶"四字。山门尾顶脊眉，鸱尾为琉璃彩色，有雕龙、走兽、狮子等。

政教殿三间，在仪门前，单檐悬山卷棚顶抱厦式结构，是客商居货的场所。

威明门是城隍庙的二门，门房为单檐悬山顶，面阔3间，明间辟门，次间是"槽官"和"宪天"的塑像，昭示森严。广荐殿5间，具有六楹，单檐悬山式，殿前现有戏

戏楼

城隍纪信铜坐像

城隍庙前院

政教坊

德馨殿与灵佑殿

咸明门

审判司与罚恶司画像

楼，重檐十字歇山顶，巍峨壮观，是百姓进献祭品的场所。

德馨殿即献殿3间，单檐歇山式结构，具有四楹，角饰垂花，斗拱间封面为壁面，殿前两侧有两庑，各12间，斗拱铺作奇特，是县令、缙绅、士大夫拜谒场所。

灵佑殿5间，单檐歇山式，角饰垂花，前后两殿相邻，形成勾心斗角之势，为城隍庙正殿，是城隍爷听政形貌所在的大堂，殿内东西墙壁画有审判司、罚恶司、赏善司和检察司的画像。

含光殿又称寝殿，明太祖朱元璋于洪武年间封前汉纪信为城隍爷，因此内部供奉纪信城隍爷铜坐像，传说城隍是"剪恶除凶，护国保邦，监察幽冥，保安黎庶"的神灵。

韩城城隍庙的会期是农历五月二十一日和八月十八日。

三原城隍庙

　　三原城隍庙位于三原县城内，始建于明洪武八年（1375），后经明清年间八次维修扩建而成我国现存最完整的明代古建筑群之一，建筑占地9500余平方米，建筑面积5350平方米，包括照壁、木牌坊、山门、东西走廊、石牌坊、戏楼、东西庑、钟鼓楼、牌楼、月台、大殿和东西陪殿、明陞亭、财神殿和寝宫等。各建筑物成南北中轴对称，层递接连，气势恢宏，1956年被宣布为全国重点文物保护单位，又经1980~1990年维修成现貌。这里每年农历八月十一到十五是庙会日，除四临信徒进香外，尚有锣鼓、秧歌、旱船和大戏等表演。

　　对于三原城隍庙，73岁的武立老汉有一顺口溜如下：

　　"三原县近长安，落花天宝数千年；驰名关中白菜心，土地肥沃产粮棉；出过能人活圣仙，岳飞李靖熟兵法；马李霍氏理学家，温尚书王天官，于右任先生中外赞；陕西只留城隍庙，地点就在东渠岸；大照壁好巍然，精磨细刻水磨砖；铁旗杆重过万，两条巨龙上边盘；迎门好像灵霄殿，一对狮子卧两边；红大门开两扇，两个偏门不尚算；木牌楼在中间，红漆柱子显又扁，角铃摇当听得远；进门就是不要动，八卦天顶在上边；踏着石条往前走，两边诸葛亮出师表，岳飞真迹后世传；石牌坊修得诣，八仙过海刻上

庙前牌坊

陕西庙会

殿前明灵莫佑木牌坊

城隍庙山门

出师表和岳飞真迹廊

寝宫

城隍爷李靖与娘娘塑像

看戏观众

面；戏楼对面是大殿，钟鼓二楼插云间；木牌楼修得悬，好似天宫落世间；城隍高大施护板，还有小鬼和判官；做得好，画得活，眼窝好像在动弹，十八罗汉站两边；琉璃瓦，兽面艳，百鸟朝凤能叫唤；出土文物齐摆满，于右任书法在西边；领上亲属照个相，以饱眼福作纪念。我才说了一点点，要想参观仔细看。"

宝鸡金台观

　　金台观位于宝鸡市金台区北陵塬半坡,始建于元朝末年,明、清、民国各朝代均进行过修缮扩建。明世宗嘉靖四十三年重修了玉皇阁,创建了白衣大士殿,增修了叠嶂府和文映宿等洞窟。明初张三丰曾在此修行传道。清代末年创建三丰洞和三叠崖工程。民国初增建了太皇宫、鸣凤楼,前后相继建成了山门、灵官殿、云楼、三师殿、三官殿、玉皇殿、真武殿、三丰洞、姜嫄洞、文昌洞、财神洞、观音洞、药王洞、纯阳洞、救苦洞、子孙洞和关圣洞,以及六角亭与道家养生馆等,成为宝鸡市城区内唯一现存最完整的古道教建筑群,也是我国北方最富特色的窑洞式加古建风格的道观。其中建于明代的玉皇阁被誉为宝鸡八景之一,有金阁流霞之美称。可说"渭水千回,以金台观为最胜"。

　　1939~1949年金台观曾被当时政府机构占用。1956年为宝鸡历史文物陈列室,1958年为宝鸡博物馆,现为宝鸡道教协会所在地,2003年被公布为陕西省文物保护单位。每年农历正月初九日,三月三日,七月七日是金台观道教会日,前来上香参拜的善男信女众多。

宝鸡金台观山门

陕西庙会

道教宫观

宝鸡金台观玉皇殿

宝鸡金台观灵官殿

宝鸡金台观三官殿

姜嫄洞等

张三丰塑像

陕西庙会

西安八仙宫

　　西安市八仙宫位于长乐坊东约二百米处，曾叫八仙庵，始建于宋，系唐兴庆宫君部故址，占地百亩。庵前竖有"长安酒肆"石碑，旁刻吕纯阳先生遇汉钟离先生成道处。《列仙传》载：钟离祖师于长安酒肆感悟吕洞宾，"黄粱梦觉"度其成仙。后人为纪念吕祖于此立祠祀之。1900年被八国联军赶到西安避难的慈禧太后和光绪帝，曾颁发千两白银修建牌坊，并赐名"勅建万寿八仙宫"，悬挂于庵前门领上，故名八仙宫。现在八仙宫主要由山门、牌坊、影壁、钟鼓楼、遇仙桥、灵官殿、八仙殿、聚仙殿、斗姥殿、雷祖殿、吕祖殿、邱祖殿、药王殿和太白殿等构成。八仙宫是西安最大的道观，每年农历四月十四至十六为吕祖诞辰纪念会。

　　2008年为吕祖诞辰1211周年纪念日，同时悲遇5.12地震灾难，八仙庵道观的出家人的心被遇难和受伤的灾区人民所牵动，特设了为遇难亡魂超度和为受伤群众祈福的大法会，同时决定向灾区捐助人民币10万元，并且全体道众、职工与十方善信，在吕祖纪念日举行现场为灾区捐款活动，表达道教界人士的一片爱心，现场人们踊跃捐款，表现出中华民族一方有难、八方支援的伟大精神！

八仙宫山门

陕西庙会

道教宫观

八仙宫山门

给亡灵敬食

道长叩拜祈福超度

众人祈福超度亡灵

道长敬香超度亡灵

道长祈福超度亡灵

祈福超度人群

【陕西庙会】

西安湘子庙

　　湘子庙位于西安南门（永安门）内西侧湘子门内约百米处，原为韩湘子故居，传说是八仙之一韩湘子修行养性之地，湘子文化发源地，始建于宋，是西安城内唯一道教一脉道源祖庭。原建筑雄伟，有灵官殿、湘祖殿、三清殿、藏经楼、偏殿、配殿和寮房等，皆精美不群，供奉着湘祖、灵官、三清、药王、财神、马王、关帝和文昌诸神仙，香火旺盛，灵异非凡，直到明末民国初年香火依然不断。2005年5月1日八仙宫出资百万元按明代面貌修复，占地2.5亩，东西长约88米，南北宽约20米，由庙区、南院和北院构成。庙区分前后两部分：前部由庙前广场、山门、香泉、灵官殿和南北配殿组成；后部为湘祖殿和厨房。湘子庙内湘子文化意蕴浓深，有五蝠托福照壁、香泉水美、灵槐妙花、阴阳石、混元石和童子拜签等化形应示，以及众多的道教名言匾额，北配殿内展出着道教法器、法事饰物、器乐、千年铁磬和太上玄门功课经等道教珍贵器物。

　　传说韩湘子曾居住在其叔祖韩愈官邸内院，为修行养性，曾筑一地下密室，长居其内练功养性，后人称为湘子洞。

湘泉及五蝠托福壁

陕西庙会

道教宫观

湘子庙广场及山门

灵槐妙花

湘子吹箫图

阴阳石

一脉道源

过去西安城内井水均为苦水，皇宫用水由长安八水引进，韩湘子为解决百姓吃水，曾造酒倒入井内，并吟道："真酒无苦，真水无香，苦尽甘来，玉露琼浆。"吟罢，立即将酒倒入院内水井中，井内立刻飘出一股酒香，令人馋涎欲滴。有人打水尝试，并无酒味，入口却十分甘美，世人称此井为"香泉"，即湘泉。至此西安城内才有了甜水井及西门大井的甜水。

每年农历十一月初九日为湘子庙会日，每月初一、十五日有较多信众上香拜仙，常年不断。

陕西庙会

87

西安广太庙

广太庙也叫光泰寺,位于西安未央区东北方向的幸福路北段的广大门村,在五路口西乘47路公交车可直达。广太寺始建于唐,称为判官庙,设有地狱,传说秦广王殿下的判官崔钰以为唐太宗李世民增寿之说而立庙,李世民曾到此庙游过地狱。后因兵燹而毁。明清两代曾翻修过。1980~1995年群众集资重修了山门、判官殿、库官殿、马王爷殿和药王菩萨殿及其塑像,墙壁上画有唐太宗游地狱的故事。广太庙自建立以来,历朝各代,每年农历三月二十七日是判官生日,二十五日至二十七日过三天祭祀会,"四处香客纷至,拜祀者车水马龙一派升平,沿途商贾云集,亦为忙前盛会。"十月初一是送寒衣日,人们纷纷在庙前、庙后为亡人烧纸、烧钱、烧纸衣,也有人请和尚与居士念经送钱。这里传承着烧渡人舟的习俗,妇女们这天把纸衣、纸钱和纸金元宝等装入纸制背褡内,然后写上过世人的名字和地址等,再放入庙会制作的渡人舟内,等待午时将渡人舟抬出寺庙,在庙前绕行三周后,抬到村外河旁焚烧,盼望亡人在阴间有好日子过。传说这一习俗起源于秦朝,传说孟姜女哭倒长城后,秦始皇见孟姜女善良而美貌,决定将她娶到宫内,孟姜女表面上答应,但提出条件是秦始皇必须穿麻戴孝埋葬丈夫范祀良。秦始皇照办后,孟姜女却跳进江河中去了。人们为了纪念和同情孟姜女,便形成了火烧渡人舟之俗。它是该寺所特有的习俗。

秦广王与判官

陕 西 庙 会

道教宫观

抬渡人舟游街

渡人舟出山门

渡人舟

道人诵经

河边绕渡人舟诵经

焚烧渡人舟

判官与小鬼

【陕西庙会】

89

陕西庙会

临潼明圣宫

　　明圣宫是陕西规模最大的道观之一，位于西安东部30公里的临潼骊山西绣岭上，是唐朝开国元勋之一、瓦岗英雄谢映登隐居修道成仙之地。谢映登是临潼人，东晋名将谢玄后裔，生于隋文帝开皇十五年（587），隋末参加瓦岗军，扶持李渊父子灭隋兴唐，功劳卓著，唐朝开国大封群臣时，拒绝封赏，追随叔父谢弘前往终南山黄花峪三清观修道。在叔父指导下专心研究儒释道经典，勤苦修道，过着清心寡欲的隐居生活。后来游历西北名山大川，访求至道，广结有道之士。唐咸亨四年（673）来临潼骊山结草为庵，苦志修玄，经王真人和骊山老母指点，掌握医术，能治疗绝症、起死回生、治病救人，深得民众爱戴。唐高宗仪凤元年（676）羽化成仙，后世尊其为道家仙祖。唐开元四年（716）在骊山西绣岭始建明圣堂，供奉谢仙祖，唐末毁于兵火，曾发现谢映登行道碑一通，碑上谢映登神像清晰可见。

谢仙祖塑像

　　20世纪60年代，台湾建立了明圣宫供奉仙祖谢映登。台湾企业家颜武雄因创业不利来明圣宫求愿，经主持点化，改为房地产开发而后事业飞黄腾达，如日中天，1992年随柯金生道长参拜临潼明圣宫，饮水思源，感恩戴德，与700余名弟子捐资600万美元建立明圣宫，12年里，往返90多次，终于2004年10月建成，并于2004年10月3日～11月2日举行了落成安座暨神像开光大典，供游人参拜。建成后的明圣宫占地65亩，建筑面积8000平米，殿堂房屋300余间，包括山门、灵官殿、钟鼓楼、仙祖殿、财神殿、慈航殿、三清殿、道长办公楼和道士住舍、厨房等。明圣宫建设所用石

陕西庙会

明圣宫

作法众人

料选用北京房山汉白玉，所用木材选用东北红松，神像采用江西小叶香樟木，神龛供具采用南非红木，整个建筑雄伟精致，如一颗璀璨的明珠镶嵌在骊山上，永放光芒。

2008年农历十一月十四日明圣宫举行祈福供灯法会，在道教古乐演奏中，供奉北斗七星灯和千盏灯阵，并用道符、符表和众道士共诵《太上玄灵北斗本命延生真经》，为约十名祈福人作法祈福。当日下午15时至21时，全宫内外一片光明，灯是光明、智慧的象征，可照亮人生的前程，驱散人间的黑暗。

明圣宫现有道人32名，均为北京道教学院毕业生，每日除接受信众进香参拜外，并在以下日子作道场，计有道场日：正月十九日邱祖圣诞祈祥道场；二月十五日太上老君圣诞祈祥道场；三月初三日真武大帝圣诞祈祥道场；三月初六日谢仙祖圣诞祈祥道场；四月十四日吕祖圣诞祈祥道场；四月十五日钟离祖师圣诞祈祥道场；八月初三日北斗星君下降日祈祥道场；九月初九日斗姥圣诞祈祥道场；九月二十二日财神圣诞祈祥道场；十二月二十四日接玉皇驾祈祥道场；清明节度亡道场；七月十五日中元节度亡道场；十月初一日寒食节度亡道场。

陕西庙会

道教宫观

仙祖殿

七星供灯

道士上香祈福消灾

道长为北斗七星供灯

千盏供灯

南斗六星

跪拜祈福消灾

子午峪金仙观

金仙观位于西安市长安区子午街道办西南的子午峪内七里坪南约2公里处，距环山公路5公里。子午谷早在汉朝就是道教的洞天福地，西汉文帝时期朝廷曾在山峰上修建了祭祀天神的玄都坛，与长安城北渭北高原上的天齐祠构成长安都城的南北建筑基线。玄都是道教所指元始天尊或玉皇大帝居住之地。因此在终南山修道的隐士在这里修建了许多道观，金仙观是其中著名者之一。唐代子午谷内的道教活动兴盛，杜甫曾有诗描述。唐开成、会昌、大中年间，新罗人金可记留学长安，为"宾贡进士"，后不求仕进，隐居子午谷修道，受仙祖钟离权传授内丹术，成为韩国传播道教的第一人，公元858年（唐大中十二年二月二十五日）羽化于谷内。金可记仙逝后，有好道者将他的传记同杜甫的诗一起刻在巨石上，成为珍贵的摩崖石刻，现已被切割移往长安区博物馆。子午谷被废弃后，道观随之减少，又因山洪洗劫，道观已多成遗址，唯有玄都坛和金仙观仍保存至20世纪60年代。2001年秋韩国金仙学会崔炳柱会长等来子午峪考察，有意解囊重建金仙观，征得中国道协会长任法融首肯，在陕西省市区办和南杜角村、七里坪村有关部门领导村民支持下，成立了筹建委员会，经过四方筹资，于2004

师祖殿

三山两水交汇中的金仙观

汉代玄都坛遗址

子午峪金仙观

迎接韩国金仙学会参拜团

道士诵经

何家营鼓乐社演奏道教古乐

年动工，2006年10月主体建筑群基本竣工，建成仙祖殿、灵官殿、慈航殿、财神殿、藏经阁、金仙亭、上善池等建筑群，观内供奉太上老君、钟离权、吕洞宾、金可记、崔致远诸仙，并开始对外开放，满足了各界人士的瞻礼需求。

农历七月二十六日韩国金仙学会会长崔炳柱一行20余名韩国道士再次来访并捐资、赠道服和上香祭祖等活动。金仙观的道士们与长安区何家营古乐社迎接了来宾，并向韩国崔炳柱等授荣誉称号。

金仙观的主要会期是农历七月二十五至二十七日和二月二十五日；平时初一、十五开放。

长安镐京观

镐京观位于西安市长安区镐京乡镐京村,距西安14公里,乘302路中巴即可到达。

周武王克商后建都镐京,包括七庙,开创了周朝王天子的宗庙制度,周朝在这里历经了14个王朝,约二百余年,最后周幽王腐败被杀,西夷犬戎攻入镐京,火烧七庙和京城,周平王被迫迁都洛阳。从此周朝在镐京的庙宇香火衰弱而熄灭。北魏统一北方后,倡导信奉儒道佛等宗教,魏孝文帝太和二十一年在镐京村修建了镐京观,以祭祀西周天子,宣扬其至德要道。建成的镐京观原有三门,中门额镶楷书"镐京观",门内紧连大戏台,台前有广场、阅台,并建立了无量天尊殿和武王殿。武王殿内有文武成康四王的塑像。清咸丰年间回民起义,战乱中村庄和庙宇毁坏严重,清光绪年间村民薛富阳先生主持各村捐资修葺。抗战期间陕西省民众教育馆迁入,观内设村学。2003年村内外居士们募捐资金,翻修了武王殿,重塑了武王像,基本恢复了原貌。现在每年农历七月十五、七月十九和十月初七至初八过会,除群众上香外,尚举行念经、唱戏和锣鼓表演等。

武王殿内文王画像　　成王塑像　　武王殿　　镐京村自乐班到观唱秦腔

长安嘴头东岳庙

嘴头东岳庙位于西安市长安区鸣犊镇东北约10公里的清风山脚,始建于汉代中期,唐代十分兴盛,唐太宗等帝王曾数次到会上香,故有今日留存的候驾坪和引驾回等地名。唐宋元明等历代曾有修葺。1997年原庙部分被长安县政府批准为宗教活动场所,并由道协主持管理。现今东岳庙的建筑有山门、东岳殿、灵官殿、三清殿、金花圣母洞、医圣殿、孤魂殿、冥府、转运碑等。按照道教会期,嘴头东岳庙每年正月初九、二月二、二月十五、清明节、四月十四、七月十五、九月二十二、十月初一为会日。其中十月初一是寒衣节。

寒衣节,又名祭祖节或鬼节,是中国道教三大鬼节之一(即清明节、中元节和寒衣节)。寒衣节源于周朝的腊祭,《礼记·月令》记述了周代十月初一的祭祀活动,皇帝要在社坛祭日月星辰。司马迁在《史记》中说"民间十月祀"祖宗。民间传说十月初一这天阴司放鬼,直到来年清明节才被收回。人们为免去先人们和孤魂野鬼在冥府挨冷受冻,便在这天用五色纸糊制纸衣(称冥衣)和纸钱(叫冥币)到东岳庙冥府烧,表示晚辈给先辈送温暖,寄托今人对故人的怀念,承载着生者对逝者的悲悯。寒

在三清殿超度亡灵

陕 西 庙 会

东岳大帝殿

超度诵经

超度亡灵

东岳庙

超度转运仪式

衣节这天,有时道长和执事们请道协资深道士、道姑做转运度亡道场,以超度信众们的亡灵,以吸引当地、蓝田、临潼等地众多信徒,特别是老年妇女,也包括青少年。可见寒衣节有较强的传承性。如果在农历十月初一的傍晚看看城镇十字路口的烧纸现象,就会亲身感受到这种传承性的强度。这就是中国人千百年传承下来的怀念故人的习俗之一。度亡道场是为去世的亲人所做的追思超度法事。道教认为万物皆禀阴阳二气而生,一旦阴阳气衰,人则气散神竭而亡,人亡阳神上升阴魂滞地,魂魄飞散,各不相依,若有所滞,则魂被锁入丰都地狱,魄化为骷髅,沦于昏暗之中。于是人们设坛建醮,追摄亡灵,使已散之气得以凝聚,永离丰都之苦,同时寄托阳眷哀思之情和表达孝敬之心。

陕西庙会

鸣犊法音寺

　　法音寺位于西安市长安区鸣犊镇西郊，每年农历三月七日～九日过会。法音寺始建于明万历年间，寺内现在仍保留着八百多年前的建筑存址，现有大雄宝殿、三圣殿、佛母殿、城隍殿和瘟神殿五大主要部分。历史上曾因有城隍殿而叫城隍庙，又因有瘟神殿而叫瘟神庙，1993年改名法音寺至今，但人们心中和口头上仍把它叫瘟神庙。

　　瘟神故事源于隋代，《三教搜神大全》记载："昔隋文帝开皇十一年六月内，有五力士现于凌空三五丈余，身披五色袍，各执一物。一人执杓子并罐子，一人执皮袋并剑，一人执扇，一人执锤，一人执火壶。帝问太史居仁曰：'此何神？主何灾福也？'张居仁奏曰：'此是五方力士，在天为五鬼，在地为五瘟，名曰五瘟。春瘟张元伯，夏瘟刘元达，秋瘟赵公明，冬瘟钟仕贵，总管中瘟史文业。'……帝乃立祠，……诏封五方力士为将军……后匡阜真人游至此祠，即收伏五瘟神为部将也。"还有种传说源于上古帝王尧帝时代，《轻重甲》记载："昔尧之五吏五官，无所食，君请立五厉之祭，祭尧之五吏。"

　　西安市区，乃至陕西省内，有瘟神庙之地，鸣犊镇的法音寺是其中一家。历史上发生瘟病的实例很多，在医学不发达时代瘟病是种很可怕的瘟疫，人们寄希望于神来

春蕾秦腔二团演唱

陕西庙会

五瘟神塑像

鸣犊镇法音寺庙会

瘟神乘坐船

献供品

城隍塑像

消病除灾也是历史常态。鸣犊镇法音寺瘟神殿门口至今还挂着民国二十四年（1935）大瘟疫之后灾民所送的灵验匾！三月初九正会日，西安市汉城路西王村大唐感业禅寺80余岁的上宏下道大和尚专程到寺上供捐资，纺织城众居士到会诵经。整个鸣犊镇街道，车水人流，滩海货山，男女老少……都在围绕着庙会活动，这种景象今日大概只有在庙会中看到。

戊子年法音寺古会期间，鸣犊镇戏楼唱大戏三天，锣鼓队伴送广大信徒除了上香外，还给瘟神爷送来了纸衣、纸帽、纸鞋、纸船和多种花馍，要在庙会最后一天晚上烧掉，名叫送瘟神。

师村玉皇庙

　　玉皇庙位于西安市长安区东部的狮村,背靠白鹿塬西南麓,面向浐河铁路大桥。狮村因地形似狮曾叫狮村,解放后简化为师村。北依白鹿原北岐山坡,旧时多数穷人居住窑洞,少数富人居住砖瓦房,30年前改革开放后人们已全部脱离窑洞进入钢筋水泥楼房,但窑洞遗址尚存。据《咸长续誌》记载,明代时期狮村建立了玉皇庙,主要建筑为窑洞,供奉玉皇、玉皇老师天大大、大祖师、二祖师、地母、黄龙和青龙塑像,树木林立。因庙旁有两眼洞泉,泉水流动叮当作响,颇似琴音,故称琴音洞。曾有人见二洞泉内各有鲤鱼一尾,一尾色黄如金,一尾色青如玉,人们甚异之。既而发生大旱,泉水忽馨,骇愕间风雨骤至,四野沾足。自此,每旱水溢即有雨,村人感之,立庙祭祀,庙名"金玉宫",洞泉名为"黄龙洞"和"青龙洞"。明代至今,香火不断,金玉宫曾遭兵燹,但屡毁屡修,凡有祈祷,多著灵异。文革破四旧中神像被毁,树木被砍伐,1983年大雨造成塌方,玉皇师傅天大大、金玉宫建筑和两洞泉均被埋入土内,1993年村民按原庙神像修复成现状。其中南部洞泉被人民政府改造为供村民吃水和用水的大绿工程自来水之源泉。玉皇庙每年正月初九和正月十九日过会。

　　传说,村口石狮和石羊是民国时期杨虎成因母亲在金玉宫祈祷灵应而从八仙庵搬运来的。"文革"破四旧时村民为保护这对文物,将其埋入土内,1993年挖出安放在村口至今。

金玉宫

杨虎城从八仙庵移来的双狮

金玉宫

玉皇

蓝田八里塬真武庙

真武庙位于西安市长安区魏寨乡和蓝田县前卫镇之间的敬家村、龚家村、柿子园、侯家村、钱家村、小柿村和刘家泉之间的八里塬上,距魏寨八里,距柿子园三里。20世纪50年代前的真武庙,名为宝丰寺,始建于隋朝,为当时西安府八大寺院之一,佛教始祖鸠摩罗什曾在此翻译《金刚经》,兴盛于唐朝,近20年群众捐资小修而成现状。

现在的真武庙内供奉着真武祖师、无量祖师、三太白神(五十年代曾费时三十天从太白山大爷海、二爷海和三爷海取水求得)、药王、关公、进士爷(即文昌)、财神、火神、瘟神、三十六将军、七十二贤圣和送子娘娘等三教神仙。每年三月十八日,七月十五日和十月十五日为过会日。会间周围长安区和蓝田县的百姓早晚络绎不绝地到庙举行祭祖、祈福、祈子、求雨、劝善等活动。

真武庙是儒释道三教合一且以道教(真武祖师)为主的寺庙。真武祖师游历四方,传道南北,在道教历史中与邱祖、张太师地位相当。由于李唐王朝称自己是老子李耳的后人,定《道德经》为国教,真武祖师便成为广济佛国八大教主之首,号称天地教主。清朝雍正帝曾说:"儒释道三教同出一门。以佛养心,以道修身,以儒治国。儒曰:存心养性,静元见一;道曰:修心练性,抱元守一;释曰:明心见性,万元归一。"这番话可能说出了中国的三教千年不衰的原因。

《道德经》以正月十五为上元,以七月十五为中元,以十月十五为下元。所以

蓝田八里塬真武庙会

陕 西 庙 会

上香祭祖

真武大帝神龛

药王塑像

三太白神像

七月十五叫中元节，又称鬼节或盂兰盆节。这天，道士们夜间诵经，佛教举行超度法会。道教认为：人生的痛苦犹如倒挂在树头的蝙蝠，悬挂在空，苦不堪言，为使众生免除倒悬之苦，便需诵经。传说阎罗王每年七月初一打开鬼门关，放出一批无人奉祀的孤魂野鬼到阳间享受人们的供祭。七月最后一天，重关鬼门关之前，这批孤魂野鬼又得返回阴间，所以七月又称鬼节。佛教的《盂兰盆经》传说："有目连僧者，法力宏大，其母堕落饿鬼道中，食物入口，即化为烈焰，饥苦太甚。目连无法解救母厄，于是求救于佛，为说盂兰盆经，教于七月十五做盂兰盆，以救其母。"这些道教、佛教故事的目的都在于宣扬"博爱""追远""乐善好施"和"尽孝"等。道士、和尚们登坛诵经和做法场等形式引渡孤魂野鬼回归天地。百姓们则以"献瓜果，陈禾麻以祭先祖""做盂兰盆会""劝善"，后来演变成"放河灯"祭祀无主孤魂和意外死亡者的民俗。

蓝田汤峪东峰山庙群

东峰山庙群位于距西安约40公里的蓝田县汤峪东峰山上，始建于秦初，后经历代扩建，有殿宇20余间，神像50余尊。山下有火神庙，山腰有土地庙和山神庙。山巅有老母洞、玉皇殿、祖师殿、财神殿、瘟神殿和娘娘殿等。东侧约200米处有老龙潭。山顶有老君殿和炼丹亭。庙前悬挂两千余斤明代铸造铁钟一口。

清初回民反清时庙宇被焚烧，铁钟裂痕，辛亥年曾修复，抗日战争和1958年大炼钢铁时铁钟和礁纸炉先后被毁。改革开放以来，当地群众捐资，献策献力，于1985年开始重建，2006年重铸了2800斤大钟悬挂于庙前，并建礁纸炉一座，从山脚到庙区修建了石台阶，犹如天梯，登山可瞭望汤峪全景。每年三月三日，六月十九日为庙会日，县内外男女老少游览进香者络绎不绝。

雨中东峰山庙会

东峰山古庙

火神庙

华山玉泉院

　　玉泉院位于西安市东120公里处的华阴市玉泉路最南端的华山北麓谷口，是华山全真道派的主要活动场所，曾为北宋著名道学家陈抟隐居修道之地。

　　陈抟，字图南，号扶摇子，亳州真源（今安徽亳县）人，生于唐懿宗咸通十二年（871）十月十日，仙逝于宋太宗端拱二年（989）七月二十二日，享年118岁。史载自幼聪悟，长大后喜读经史百家之言，好佛学、医理、天文地理，颇有诗性。后唐长兴年间（930），举进士不弟，遂不求仕进，游历山水二十余年。自言曾遇孙君仿、鹿皮处士，指引到武当山九室岩隐居，辟谷修道二十余年，曾于后晋天福年间（936—944）入蜀师从何昌一学睡功"锁鼻术"，据传"或一睡三年"。约在后周年间，陈抟移居华山云台观，又上少华石室，"每寝处，多百余日不起"。陈抟曾做睡诗："臣爱睡，臣爱睡，不卧毡，不盖被，片石枕头，蓑衣履地，南北任眠，东西任睡。轰雷型，泰山摧，万丈海水空里坠，骊龙叫喊鬼神惊，臣当凭时正酣睡。闲想张良，闷思范蠡，说甚曹操，休言刘备。两三个君子，只争些小闲气。争似臣，向清风岭头，白云堆里，展放眉头，角开肚皮，打一觉睡，更管甚红日西坠。"后人称他为"睡

玉泉院北门广场

陕西庙会

老君殿

仙"，曾创立了道教内丹学说，开创了宋代理学先河。内丹学说以"身口为炉、宫室为灶、肾为水、心为火、肝为木，使木生心火以炼肾水，达到'成尘得变'，结成人体内的无价'金丹'"。这一学说的核心是修心养肾，即控制人的欲望，不让野蛮的欲望泛滥。陈抟在华山修道期间与著名道教思想家吕洞宾、李琪、麻衣道人和谭峭等交往甚密。后周显德三年（956）世宗诏命为谏议大夫，并赐号"白云先生"，陈抟因辞不受。宋太宗赵匡胤曾数次召见，问济世安民之策，陈抟索纸笔，书写远近轻重四字，说：远即远招贤士；近即近去倭臣；轻即轻赋万民；重即重赏三军。太宗感叹：真乃世外高人也，赐号"希夷先生"。史载陈抟于端拱二年七月二十二日逝世于华山莲花峰下张超谷中。传说，经七日，肢体犹温，有五色云蔽塞洞口，累日不散。

陈抟一生修道养性，继承了汉代以来的象数学传统，以黄老清静无为思想、道教修炼方术、儒家修养和佛教禅观，融汇儒、释、道三家学说，开启唐宋三教合一的思想潮流，对宋代理学有较大影响。其著作有：《九室指玄篇》《入室还丹诗》《易龙图》《赤松子诫》《人伦风鉴》《三峰寓言》《高阳集》《钓谭集》《天极图》《先天图》《龙图序》《阴真君还丹歌注》《道枢观空》《河图洛书》《正易心法注》《胎息诀》《龟鉴》和《心相篇》等。

陈抟仙逝后，其弟子于北宋皇佑年间（1049—1053）在华山谷口建立希夷祠。清代曾多次扩建，并改称玉泉院。据传，宋代金仙公主在华山镇岳宫玉井中洗头时，不慎将玉簪掉入玉井中，却在返回希夷祠在泉水中洗手时无意中找到了玉簪，方知此泉

陕 西 庙 会

道教宫观

玉泉院河图洛书墙　　陈抟塑像

玉泉院顺生与逆生图　　玉泉院陈抟洞前对联

陈抟正殿门额和对联　　玉泉院陈抟洞口

与玉井相通，于是赐名为玉泉，玉泉院因此得名。康熙四十二年山洪暴发，因河水改道玉泉而废。新中国成立后曾多次维修扩建。1982年被定为全国重点宫观之一。1987年被公布为陕西省重点文物保护单位。

现在玉泉院的建筑由院前广场和东、中、西三部分组成。中部为主体建筑，又分前院、中院和后院三部分。前院内有院门、文昌殿、财神殿、石碑和牌坊等。中院内有陈抟洞、吕祖洞、七真殿、圣母殿、慈航石舫、遇仙桥、山荪亭、无忧亭、石刻长廊和独角兽、鹤雕、麒麟雕等。后院内有陈抟殿、郝大通殿、鹿雕、通天亭和五龙宫等。玉泉院东部有太清殿、华佗墓和云水堂。玉泉院西部有客堂和住房。所有亭台楼阁殿金碧辉煌，雕梁画栋，雕刻精美。园林建筑利用了优美的自然环境：傍山临水，泉流淙淙，山气霏霏，峰峦影衬，古树塝岩，亭台廊庑参差有序，够得上一座有特色的道观。

每年玉泉院的主要会期为：初一、十五；冬至；夏至；二月十五；清明节等。

106

陕西庙会

周至赵公明庙

赵公明庙位于周至县集贤镇西约5公里的赵代村，距西安68公里，西安汽车站有直通楼观台的公交车经过。清乾隆初年《周至县志》载："惟村内有赵元帅庙一所，扈人谓神像即肉身。"现今村内有两座财神庙：一座座南向北，是清代修建的老庙，因合作化时改为仓库，把南向门堵住，开了北门所致。老庙经1990年修葺，内有赵公明塑像一尊和四路财神立像四尊，墙壁彩绘赵元帅事迹图。庙前立有四柱旗杆，旗杆插在老庙原石座内。盛唐时庙宇规模宏大，占地15亩，原庙前有牌坊、帅旗、令旗、钟亭、说道台、正殿、寝宫、厢房、门楼、照壁和井台等，宋、金、元时期屡遭战乱破坏，明万历九年（1581）重建正殿、寝宫及门墙。清光绪子年（1881）再度修葺。另一座财神庙在老庙南端，是1998年民众与台湾佑福会仁人善士捐资所修建，老庙所存唯一明万历九年（1581）所立石碑现存于南庙，庙内塑造了赵公明、曹宝、肖升、陈九公和姚迩益五路财神神像。赵公明一手执钢鞭，一手执元宝，身着黑袍，坐骑黑虎。唐代时赵代村西田峪河滩野生酸枣林，人们叫枣林村，后改称赵大村，合作化运动时误写为赵代村至今。

赵大村东北有一高阜，阜中有古墓，墓前有亭，亭前有碑，清乾隆十二年，知县曾筑围墙保护财神庙，并修葺赵公明墓，"文革"中庙墓均被毁。近年来村民将赵公明墓予以修葺，供人瞻仰。每年农历三月十五日是赵公明元帅的生日，村民举办财神庙会3日。

南庙壁画之一

陕 西 庙 会

赵公明庙北殿

南庙赵公明塑像

北庙赵公明与四路财神塑像

赵公明陵

六月初六日是逝世日，举办纪念活动，三天四夜唱大戏，举行祭拜仪式，赵代村十几户赵氏后裔和终南镇毓兴村、楼观镇三家庄、界尚村、金盆村等近200户赵姓族人参与祭祀活动。

据《三教源流搜神大全》载："赵元帅，姓赵，明朗，讳公明，钟南山人也。自秦时避世山中，精修玉道，功成。上奉玉帝旨，召为神霄副元帅……其服蓝色，头戴铁冠，面色黑而胡须，跨虎……授正一玄坛元帅。""他主除瘟解魔，保病禳灾。凡讼冤伸抑，使之公平，买卖求财，使之宜利。"传说赵公明原是县衙一差人，一次奉命捉拿一个缴不起租的穷老头，天黑睡在老头家，老头怕得罪公差，准备杀鸡款待差人。赵公明睡到半夜，听到窗外母鸡对鸡儿说："明天主人要杀我待承差人，我死后只欠主人一双草鞋钱了，以后你们替我还了吧！"赵公明惊醒后，内心特别难受，心想母鸡欠了一双草鞋钱都要还，我再不能替官府去敲诈穷苦百姓了。第二天清晨，他叫老头不要杀鸡，也不催老头缴租了。他脱去差官衣服，进山修真悟道，救济百姓。周至人还说赵元帅曾在黑水峪生擒危害百姓的黑虎，为民除害，收为坐骑。他道德高深，功盖一方，倍受百姓敬仰，奉他为福禄正财神。道教经书载：赵公明为太上老君徒弟，在终南山修道功成羽化后被玉皇大帝封为正一玄坛元帅，金龙如意龙虎玄坛真君，头戴铁盔，手执铁鞭，坐跨黑虎，率四路财神，主管三界经济财政、金融、贸易、裁判买卖、赐财降福、驱雷役电、布风施雨、除瘟解殃、惩恶扬善。现今强国富民时期，敬拜财神之气甚旺。

西乡午子观

汉中市西乡县堰口镇午子山有一驰名陕南的午子观,由底观、腰观和顶观三部分组成。顶观海拔高约千米,2500余米的路程,要翻越三个山头才能到达顶观,上行须三上两下,下行须三下两上。

午子观始建于西汉,刘邦爱姬戚姬曾在凤憩亭进香焚轮。传说禹之好友禅娟、大舜谋士善卷、明代建文帝曾在此隐居。道教人物张道陵、张鲁和张三丰曾在此讲经传道。午子山素有陕南"小华山"和"小武当"之称,明孝宗弘治十年(1497)曾重修。直到2004年7月落实宗教政策后,部分已得到修复,被国家授予AA级景观。但由于年久失修严重,整个道观被一分为二管理,文化馆管理中顶观,道教协会只管理底观,致底观和顶观殿宇狭小且破烂不堪,现状值得进一步改进。

午子观的会期是:农历正月初一至初三;二月十九日;三月初三;六月十九日;九月十九日;十月十八日。

顶观上山路

陕西庙会

道教宫观

顶观朝圣楼

午子观底观广场

抱娃上顶观许愿

寅时关帝殿

送油还愿途中

玉皇殿

披红还愿

镇安高林寺与云盖寺

高林寺和云盖寺位于镇安县西北20公里的云盖寺镇与凤凸岭上,最初为唐代僧人妙达所创建,由于修建时有片云彩长年不散,而建成后才散去,因此得名云盖寺。云盖寺原有九楼十八殿,僧舍千余间,依山势而建,高下错落,甚为壮观。云盖寺曾是陕南香火旺盛的名刹,由山上和山下两部分组成。山下部分仅存大殿。镇南凤凸山上原有高林寺(也叫高庙寺),有庙殿十一间,但都毁于战争。明嘉靖年间曾重修。现存殿舍是明代以后遗存。

20世纪80年代以来,群众捐资在凤凸山的不同部位重修了土地庙、祖师庙、财神庙、龙王庙和观音庙五座,供老百姓祭拜。高林寺的会期是每年农历九月十七日到二十一日。

高林寺和云盖寺地处秦岭深谷,水清气爽。镇安素以多山著名,道路崎岖,山重峦叠,唐代贾岛的《题安业县诗》即咏这里的地形:"一山未了一山迎,百里都无半里平。宜是老禅遥指处,只堪图画不堪行。"高林寺右有白侍郎洞,相传白居易曾到此地,并做诗与贾岛咏和。高林寺左有瀑布泉,飞瀑直下,溅珠喷雷,为此地一景观,尚有白河风景区、香炉山、塔云山风景区、木王国家森林公园和省级重点文物保护单位灵崖寺等旅游景点。

云盖寺大殿遗址

在土地庙上香

上庙途中

财神庙诸神

陕西庙会

佳县白云观

道教宫观

　　白云观位于佳县城南5公里的白云山上。白云山古称双龙岭，也称嵯峨岭。终南山道士李玉凤云游到嵯峨岭，见其景色俊秀，便结庐而居，采药治病，普济众生。他医德高尚，医术精湛，一时名扬四方，被百姓尊为玉凤真人。此后白云观在他主持下开始修建，修建时因常见白云缭绕而得名。明万历三十三年（1605），清雍正二年（1724）曾重修并扩建。明万历四十六年（1618）神宗皇帝颁旨，亲赐《道藏》4726卷。从此白云观声名大震，当地大兴土木，营造道观，经历代修建，建成以道教为主，兼有儒、释庙宇各类建筑400余处，建筑面积8.1万平方米，占地二百余亩的宏大庙观。白云观的建筑以真武祖师殿为中心，包括牌坊、五龙宫、四道天门、正殿、三官殿、玉皇楼、三清殿、魁星阁、藏经阁、两廊和观音楼等殿、楼、阁、洞、祠等50余座，内有道教、佛教经变故事和山水人物彩壁画1900余幅。观内有诸神300余位，塑像400余尊，三教传统神与民间神交汇集于一山，看白云山之神，亦知天下之神。白云观庙观文化把传统文化、宗教文化、黄土文化、黄河文化和民族文化等熔为一炉，内容广泛，内涵深刻，形式多样，是座巨大的文化宝库。佳县白云观是西北地区最大的道

迎贡群众

陕西庙会

道教宫观

朝观群众

白云观俯视图

真武殿

道士解签

迎供品仪式

教圣地,400余年香火长盛不衰。每年的会期为农历三月三、四月初八（初一至初八）和九月初九,年游客约有百万,祈福、求子、求签、还愿者络绎不绝。

【陕西庙会】

陕西庙会

榆林黑龙潭道观

　　黑龙潭道观位于榆林城南70公里的210国道北约500米处，距米脂县城约15公里，是榆林八景之一。传说古时有一郑氏女在河边洗衣时吞食仙桃而生五龙，坐化成仙，为榆林镇川镇葛村龙崏庙之神。明代正德年间民众在镇川镇红柳滩村后老畔山谷建立了黑龙潭道观，清光绪和民国年间曾几度重修扩建，形成了由正殿、卷棚、钟鼓楼、牌楼、旗杆、石狮、石阶和戏楼等组成的建筑群，其中有壁画百余幅，匾额争悬。每年农历六月十三日前后三天为会期，临近陕、晋、蒙、宁、甘五省游人香客蜂涌来潭，祈雨问病，进香祷祝，络绎不绝。清代光绪皇帝敕封"灵应侯"，御笔"功薄威霖"。"文革"期间遭遇暴劫，殿宇古迹摧毁几尽，潭水枯竭。但十数年后忽见潭眼泉水流出，龙神灵光重现，附近红柳滩、朱家寨、八塌湾、陈家坡、塔庙梁、高粱和红柳等九村乡民集资，于1980年开始修复所有建筑，并始建了龙盛殿、龙母宫、卷棚、东西长廊、牌楼和镇山石狮等，并重塑龙王金身，于1982年开光迎神。1988年利用庙会资金成功创建了树木园，栽植引进榆林地区濒危树种、植物和花卉847个品种，使黑龙潭成为首个庙会生态旅游区，吸引榆林市60个寺庙仿效，掀起种树、种草、种花的绿色热潮。

　　庙会期间，210国道旁与通往庙会的道路两边摆满了数千个百货摊位，道观内的戏楼上正在演出秦腔"斩黄袍"，台下观众众多。期间，这种大戏每天演出六场，尚

五门十二柱十九楼龙门

陕西庙会

迎贡仪式

龙穴藏珍景观 　　迎贡队伍经过石牌坊

神路与护卫队 　　黑龙潭大戏

有晋剧和豫剧。庙会创办的"黑龙潭中学"内,每日晚举行歌舞晚会。村中的回乡学生制作了天灯,每天晚上在黑龙潭石牌坊旁放天灯,在天灯上写上自己改天换地的愿望,然后点燃天灯,任其高飞,吸引了许多游人观望。六月十三日是黑龙潭道观正会日,九村村民举行规模浩大的迎贡活动。2010年迎贡,特请洛川面花制作家党秀珍诸人,为黑龙祠和龙盛殿制作了七桌供品,在佳县白云观道长张明贵和黑龙潭道长贠信升的引领下,由五六百人组成的迎贡队伍迎至黑龙祠、龙盛殿和龙母宫,并有锣鼓队和秧歌队相伴,观众人山人海,挤满道观,热闹非凡。如遇干旱年,临近县村多有到黑龙潭祈雨的活动,仪式极为古老。据说,黑龙潭庙会是陕西省最大的庙会之一,文化内涵深邃,吸引的游人也是最多的。

榆林市郊道观

榆林市有许多道观，市郊著名的道观有真武庙、红狐祖师庙和西老爷庙。

真武庙在南郊约10公里的卧云山植物园内。真武庙始建于明代，因年久失修，解放后荒废，仅存遗址。"文革"后群众自发筹资先建了一座砖砌小庙，1992年后相继建成了山门、真武殿、五祖神祠、七真神祠、药王神祠、财神祠、观音阁、钟鼓楼、牌楼、华表和狮子等，占地200余亩。真武殿位于庙正中，长36.5米，宽20米，高13.41米，高大宏伟，飞檐斗拱，雕梁画栋，飞阁流丹，内供奉祖师塑像。东西配殿为五祖祠、七真祠、药王祠和财神祠。每年四月八日为主要会日，人山人海，赛歌，看戏，做买卖，到永怀阁瞻仰毛主席等老一辈革命家。

红狐祖师庙位于卧云山真武庙西部，是一座道观，据说始建年月久远，新中国成立后因年久失修，仅存遗址，近年来群众集资重修，修建了庙前广场、牌楼、凉亭、山门、石狮、华表、钟鼓楼、照壁和大殿。大殿正中供奉红狐大仙塑像，两旁站立把门将军和慧天判官立像，两壁彩绘红狐大仙修炼成正身的过程和除恶扬善的事迹。道教主张修炼，崇拜神仙。传说这里有位千年红狐修炼成圣仙，非常善良，专门在人间行医救人，惩治恶人罪行，除恶扬善，护佑人们无灾无难，深受人们崇敬，于是为他修建了庙宇，每年四月初八日祭拜。

红狐祖师庙

真武大殿牌楼 　　西老爷庙大义参天牌楼

达摩祖师殿 　　真武大帝坐像

达摩祖师塑像 　　红狐祖师坐像

　　西老爷庙位于榆林市城北镇北台西部，始建于明成化九年（1473），曾经社会历史变迁而数度焚毁和重修。清同治十一年（1872），回族人马化龙叛乱，骚扰陕北和鄂尔多斯地区，百姓遭受空前灾难，西老爷庙被毁。榆延总督刘厚基和蒙古伊盟乌审王爷八达尔呼携手平乱后，重建了庙宇，从此西老爷庙与蒙古乌审旗有了不解之缘。但庙宇建筑1947年被国民党驻军设防拆毁，仅存大殿。1979年党的宗教政策逐步落实后，群众齐心协力集资，自1983年到2003年，经过21年修建，建成了门楼、围墙、牌楼、关帝庙、观音楼、马殿、祖师殿、钟鼓楼、戏台、汉白玉狮子、购置了铜醮盆、重塑神像、彩绘殿壁，使整个庙宇红墙红瓦，飞檐吉兽，雕梁画柱，龙飞凤舞，彩绘雕塑，栩栩如生，晨钟暮鼓，香火缭绕，比旧时的西老爷庙更加金碧辉煌，雄伟壮观。西老爷庙的会期是每年农历九月十二至十四日。庙会期间人山人海，络绎不绝。

神木九龙山道观

　　神木九龙山位于神木县城东山，山上有真武祖师庙、财神庙、东岳庙、龙凤道观和吕祖洞。

　　真武祖师即玄武大帝，道教认定的最高神仙之一，民间称为祖师爷，是我国古代神话中的北方之神。北宋大中祥符五年（1012），宋真宗赵恒为避宋圣祖赵玄朗讳，始改为真武。玄武起源于殷商时代的星辰崇拜。那时人们把天空分成四大区，即把东方星群想象成龙形，把南方星群想象成雀形，把西方星群想象成虎形，把北方星群想象成龟蛇形，合称"四象"。古代星辰家们又把黄道（太阳和月亮所经天区）的恒星分成二十八个星座，称为二十八宿。二十八宿又被分为四组，即东方七宿为青龙；南方七宿为朱雀；西方七宿为白虎和北方七宿为玄武。北方七宿是斗、牛、女、虚、危、室、壁为玄武。它们都被用于正四时，辨九州，定方向。玄武七宿的形象被认定为龟蛇合体的图像。以龟蛇合体为玄武形象起源于古人对龟蛇的崇拜，说明古人相信玄武是与人类生育有关的星神。明清时期曾崇尚道教，明代嘉靖年间在神木九龙山巅建立了祖师庙，朝拜观光者众多。1947年焚于战火，1966年后真武大帝铜像被毁，经典祭器流失。改革开

真武祖师庙全景

陕西庙会

财神庙与万佛寺俯视景观

放以来,旧城村民在会长李林喜引领下出资出力,经十余年奔波,修复了正殿、东西庑殿、五龙宫、三官殿、钟鼓楼、照壁、戏楼、斋房、储水井、麟宝塔、真武大帝铜铸神像和众多的道教诸神塑像,修复了九龙山观光道路,并绿化了环境,使九龙山庙群成为神木县最重要的宗教活动场所之一。祖师庙的会期是每年农历正月初八日;四月初八日和六月初八日。六月初八日称为神木阳山会,即东西山会,游人众多。

神木财神庙原在城南关帝庙巷西北处,与白虎庙和鲁班庙并列左右为邻,三庙共有戏楼一座,始建于明末清初。神木处于蒙汉交界之地,边关贸易兴旺,每年九月十七日是财神圣诞日,群众和生意人纷纷上庙朝拜财神爷,连日唱大戏,商贾云集,祈求生意茂盛,财源猛进。新中国成立前神木曾遭连年荒旱和兵灾,生意萧条,商贾外流,殿宇堙圮,庙院荒芜。改革开放后在当地政府支持下,道士王增林等人选址凤头山崖之旧石窟,于2000年8月动工,经两年艰难建设,于2002年9月建成由财神殿、配殿、厨房、客厅、山门、照壁组成的新财神庙。新庙金碧辉煌,为神木东山增添了一处雄伟险要的道教景观。

神木东岳庙位于神木县城东九龙山南脚的旅游观光道旁,据说始建于明代,后被战火摧毁,近30年来随着国家富强和群众日益富足,东岳庙也在重新修建之中。新庙处于九龙山龙头下方,地势壮观而优美,大殿内塑绘了东岳大帝与哼哈二将,显得十分威武,并且已经有人祭拜。不久建成的东岳庙,将为神木九龙山增添新的

真武祖师殿

真武祖师庙全景

东岳庙大殿

龙凤洞道观

龙凤洞牌坊

观光朝拜胜地。

　　龙凤洞位于凤头山万佛寺右侧，由于受破坏程度严重，创建年代已难考证，据说可能在明代。改革开放以后，神木群众在原遗留废洞基础上建设了龙凤洞、三清洞、十殿阎君洞、地藏洞、仙家庙、山门、牌坊和石阶等建筑。龙凤洞内供三世古佛、普贤菩萨、碧霞菩萨、十八罗汉和二站将军。三清洞内供元始天尊、道德天尊、灵宝天尊、六位站童和十二门人。地藏洞内供地藏王菩萨和二站将军等。仙家庙内供其余道家诸仙。这里是游览凤头山诸寺观的必经之处，每年到龙凤观游览参拜的人也很众多。

　　吕祖洞位于神木九龙山北部的凤头山腰，原为明正统年代迁城下川之后创建，万历己未年（1619）重修，清康乾年间仍为神木胜景之一。后因历经沧桑数百年而失修，庙宇倒塌，瓦砾成堆。20世纪80年代以后，神木群众立志恢复重建，经多年集资，于1994年9月9日将吕祖洞修复一新，并扩建楼台一座。新建成的吕祖洞由山门、石阶、牌楼、吕祖洞、山神殿、土地殿、五福财神殿、碧霞娘娘宫、藏经楼、五仙人殿和钟鼓楼等组成，规模比旧时更宏大，成为神木现代道教胜景之一。吕祖洞的会期是农历四月十五日和九月九日。会间有大戏，参拜人络绎不绝。

 陕西庙会

神木二郎山庙群

　　二郎山位于神木县城西1公里处,俗称西山,又因其貌似驼峰,也称驼峰山,明武宗朱厚照于正德十三年巡行驻跸,观其形似笔架,赐名笔架山。二郎山两侧悬崖绝壁,东临窟野河,西临兔沟河,山脊时高时低,南北长1公里多。二郎山庙群始建于明代以前,并经历代续建修葺,形成由前山腰石窟洞庭、二郎庙、三教殿、祖师殿和娘娘庙等五段组成的庙群。它依山就势,错落有致地建成集道、佛、释三教合一的各类建筑30余处,大小庙宇72个,其中13处是石窟洞庭,塑像320尊,碑文石刻四十余块,留有邓宝珊等人书法手迹多处,具有丰富的历史文化精粹。新中国成立后豫翁朱天禄首居三教殿,在山坡修路植树,继有王杰仁、孟和尚住山维持。1980年刘吉祥师傅登山集资,修复扩建了倒坐观音庙、祖师庙等建筑,后有政府扶持,设立了文管所,增修了山门、牌坊、开路造林,增建了办公室和安全等附属设施,历时20年,使二郎山成为陕、晋、蒙等临近省市游客的绝好旅游热点景观。二郎山的一草一木,一砖一石都是一页生动的宗教文化、黄土文化和史官文化的载体,值得游人游览。现在二郎山的年登山游览人数已达30余万。每年农历正月初八,四月初八和六月二十二日的会期,游人涌动,商贾云集,场面甚为壮观。

玉皇殿远景

陕西庙会

道教宫观

二郎山中段

碧霞行宫

神木二郎山景观

三教殿景观

二郎庙外观

倒坐观音殿景观

陕西庙会

西安大唐西市财神庙

　　大唐西市财神庙于2009年随大唐西市重建时在唐代西市遗址上建成，位于大唐西市七坊二层，是座采用现代先进全铜工艺设备建造的金殿，继承并延续唐代以来的财神文化。殿内供奉赵公明、关公和范蠡三位财神的铸铜贴金塑像，每尊800余斤。殿内三面墙壁设有用黄铜板无缝焊接而成，并经氧化处理仿铜色佛龛，供奉927尊铜质熔金招财童子，挂落和栏杆均用铸铜工艺制作。地板全由黄铜板精工制成，表面高仿金色。天花板采用珐琅彩金工艺。两扇铜门各重280余斤，门窗全用紫铜面板制作。大殿柱脚、椽头、瓦当、滴水均做包铜处理，鸱吻用金箔全贴。殿外东西墙壁镶有文财神比干和范蠡、武财神赵公明和关公的紫铜并经氧化处理的浮雕像。庙前东西两侧设有两尊真人般大小的招财童子立像。

　　大殿门额由中国道教协会会长任法融道长题写："义而生财"，书法家钟明善书写对联："仁以为富，义以为尊，唐人价值观昭示仁义乃人生最大之财富；诚能立行，信能立德，长安商贾地彰显诚信为天下至高之道德"。"诚者，乃做人之本，人无信，不知其可。""仁者，心之德，爱之理。义者，心之制，事之宜也。"

烧高香

陕 西 庙 会

大唐西市财神庙

烧香铺灰仪式

开光

武财神赵公明塑像

五路财神灵位

取光照射财神

　　大唐西市财神庙于2010年2月18日（正月初五财神圣诞日）举行了盛大的开光铺灰法会。法会由大唐西市投资公司和西安青华宫法事团主持，陕西、江苏、浙江等地商贾代表、社会名流和众多信徒参加了开光与铺灰活动。议程有迎请五路财神神位，开光，董事长、画家和大德与九名护法人焚香，上表和读祭文，叩拜许愿，诵经，转天尊，随后社会各界名流持百柱高香和788柱普香轮流上香铺灰完毕而结束。

　　西市财神庙常年对外开放，并将在三财神圣诞日、得道日、道教传统节日以及道士所选黄道吉日举办道场。大殿内设《关帝灵签》，采用古老占签仪式和传统摇签方式，由风水大师解读吉凶福祸。

潼关红楼观

　　潼关红楼观俗称火神娘娘庙,位于西安市东部约155公里处的港口镇(现称秦东镇)的东山山腰,据说始建于汉代(又说商代),此后香火不断,每年三月十五日过会,陕、晋、豫三省朝拜者众,站在红楼观顶部魁星楼可向北遥望山西绵山。潼关始建于东汉建安元年(196),"河在关内南流潼激关山,因谓之潼关"(《水经注》)。春秋时期晋国介子推与重耳流亡列国,介子推曾割股啖君,辅佐重耳回国后,重耳复国为晋文公,介子推功不言禄,与母隐迹绵山。晋文公求之不出,焚山迫其出山,介子推坚持不出,抱树而死。晋文公葬其尸于绵山,修祠立庙,并令于介子推焚死之日禁火寒食以寄哀思。西汉《列仙传》将介止推奉为道家之神。屈原曾在《九章·惜往日》中歌颂了介子推的事迹:"介子忠而立枯兮,文君悟而追求。封介山而为之禁兮,抱大德之优游。思久故之亲身兮,因缟素而哭之。"

　　潼关在中华十大名关中排列第二位,因处陕、晋、豫三省交汇之处,是关中的东大门,历来为兵家必争之地,火神娘娘庙曾遭战乱,1937年11月7日曾遭日军轰炸和炮轰。民国壬申年间修建铁路时火神娘娘庙遭拆除。2000年西安张红女士和江华先生募

红楼观远视

陕西庙会

集资金，港口镇群众踊跃资助，重建了红楼观，使其成为陕西最东部的一座秀丽雄壮的道观。建成的红楼观由山门、老子塑像、老子骑青牛入关浮雕、火神殿、火神娘娘殿、天王殿、大王殿、三圣殿、财神殿、药师殿、天师殿、老爷宫、老母宫、胡大仙殿、魁星楼、鲤跃龙门、小桥流水、十二属相石雕、望娘台等建筑构成。红楼观已是参拜老子骑青牛入陕和火神介子推的好景观。

现在的红楼观主供老子和火神介子推及其母亲火神娘娘，每年农历三月十五日过会，同时举办港口镇河坝会，秦东镇南街村举办唱大戏和锣鼓秧歌社火芯子等文艺节目汇演，邻近三省群众纷纷到会朝拜并观看文艺节目。

魁星楼

门前观名

观门

老子进关浮雕

鲤跃龙门与望娘台

红楼观与老子

肆

佛教寺院

  佛教以断除烦恼而成佛为最终目的。佛教的教义和佛学中有一定辩证思想。佛教的发展对中国的哲学、文学、艺术、建筑和民间风俗等都有一定影响。

  陕西是佛教寺院密集之地，多数集中在关中中部终南山和长安、户县、周至和扶风一带，世界佛都法门寺在扶风。汉传佛教祖庭有八处，其中中国六处祖庭、一处日本祖庭和西部唯一藏传佛寺都在长安和户县。它们是三论宗祖庭草堂寺、律宗祖庭净业寺和丰德寺、法相宗祖庭大慈恩寺、密宗祖庭大兴善寺、密宗灌顶道场和日本真言宗祖庭青龙寺、华严宗祖庭华严寺、华严宗发祥地至相寺、净土宗祖庭香积寺和西北地区唯一的藏传佛教寺院广仁寺。本书介绍了陕西全部祖庭和重要寺院，其余选择有代表性的寺庙予以介绍。

长安道安寺

道安寺位于西安市长安区杜曲街道办南樊村观音寺东麓与太乙宫镇新街北村之间的鸡子山上,始建于晋代,每年正月十五到十六日,二月初八日,四月初八日为会日。《咸宁县志》载:"道安寺在城南四十里,北王里,为秦国师道安居地。"据《高僧传》载,道安法师曾在玄奘前二百余年已是一名学识渊博、通经名理的高僧,被前秦国王苻坚迎入国都长安五重寺驻锡,封为国师,弘扬佛法,主持译经事业,每有军国大事常咨之。他从事佛教事业60年,于晋太元十年(386)二月八日斋毕,无疾而卒,圆寂于五重寺,年72岁。鸠摩罗什曾赞扬道安法师为"东方圣人"。隋朝天台智者大师赞曰:"佛图澄、道安、慧远三叶相承,若日月星之丽天也。"唐宋时期鸡子山上也有真武庙,建有朝阳大殿,俗称鸡子殿。当年道安寺建筑规模宏大,当地人传说:有"跑马关山门"之说。唐代以后,随着社会动乱,道安寺屡遭战乱兵燹及唐代"三武之祸",逐渐衰退。《苻秦国师塔记》载:"府城南有义安院,为秦国师遗迹,寺内有道安洞院,院中有塔,西倚高崖,东眺樊南之景。南行七、八里至炭谷(今太乙宫)……庆历中(北宋仁宗年号)有隋智悟大师断肱励志,行业清苦,筹资重修二塔。"

寺门

道安洞与塔

新街北村锣鼓秧歌队进寺

道安塑像

安祖圣迹塔

新街北村锣鼓秧歌队进庙上香

据《高僧传》载：释道安（315—386）姓卫氏，常山扶柳人也（今河北冀县西北），世代书香，早年丧亲，为外兄孔氏所抚养。12岁出家受业于佛圆澄，神智聪敏，笃性精进，斋戒无阙。先后在邺中、恒山寺、飞龙山等地寺院，遍访高僧，悉心参悟，学识渊博，名声远播。晋孝武帝时，避江北乱，率弟子慧运等四百余人，至襄阳，立檀溪寺，铸佛像，宣传佛法。居15年，前秦苻坚攻取襄阳，迎入长安。道安法师以一切诸法本性空寂，主张本元之说，注般若道行密迹诸经，为我国佛教的发展开代之风气。在道安寺出任主持后，翻译佛经25部29卷，主持译出佛家典籍10部187卷。同时道安法师是净土宗和本无宗始祖，编纂了中国佛教史上第一部系统的佛教典籍《综理众经目录》。道安法师又是中国僧侣制度的开创者，他亲手制定了我国僧尼的规范，并统一了沙门的姓氏，以前僧人出家，多随师父之姓，道安法师以为，师莫如佛，僧侣应该以释为姓，选为佛门永式。道安法师还是一位造诣高深的文学家，被前秦国王苻坚尊为国师，是中国历史上第一位被称为"国师"的高僧。2006年8月杜曲街道办彰仪村西鸡子山道安寺遗址发现的《苻坚国师塔记》石碑铭文证实了上述历史。

改革开放以来，国家落实宗教政策，道安寺迎来了发展缘起，在常明大和尚与道安寺住持宽严主持下，得到省市区镇政府和四众支持，经过多年尽心尽力，已将道安寺废墟建成一座崭新的寺院，建筑已有山门、道安洞、道安塔、开山楼、断惑殿、文殊殿、地藏王殿、大雄宝殿、常明祖师殿、客房、斋堂和僧寮等。并开展了一系列佛事活动，为当地社会和谐作出了诸多贡献，使道安寺初步中兴。整体规划仍在实施之中。前途光明，任重致远。

户县草堂寺

　　草堂寺是佛教三论宗祖庭，位于西安市户县东南15公里的终南山圭峰山下，座北向圭峰山。在西安乘坐中巴921路公交车于草堂寺南口下车后向北走约3里便到。

　　草堂寺始建于1500余年前的东晋末年，草堂寺是东晋十六国时期秦国逍遥园内的一部分，后秦国国王姚兴崇尚佛教，于弘始三年（401）迎请龟兹高僧鸠摩罗什来长安，住逍遥园西明阁译佛典，后在园内建草堂寺，供鸠摩罗什居住。因其译经场以草苫盖顶，故名草堂寺。鸠摩罗什通梵文，熟汉文，佛学造诣极深，首次将印度大乘佛教的般若类经典全部完整译出，对后来中国佛学发展起了重要作用。隋唐高僧吉藏以鸠摩罗什所译《中论》《百论》和《十二门》三部论典为据，创立了三论宗，尊鸠摩罗什为始祖。草堂寺以鸠摩罗什的译经道场而成为三论宗祖庭。唐代曾改名西禅寺，元和年间，唐宪宗敕令重修，密宗禅师曾在此弘扬佛法，被称为草堂寺的中兴之时。宋初进行过大规模重修，改称清凉建福院。金、元、明时又改称草堂寺。清雍正十二年（1734）鸠摩罗什弟子僧肇被封为大智圆正圣僧，因此又改称圣恩寺。清同治年间寺院毁于战火，光绪七年（1881）又被水冲毁。1949年前寺内有僧人8名，土地百余亩。

草堂寺天王殿

陕西庙会

鸠摩罗什黄杨木雕刻坐像

草堂寺卧佛

如来佛像

新中国成立后国家曾多次维修，1984年县政府移交僧人管理使用，现有僧人约20名，方丈释谛性，58岁，西安市长安区太乙宫人，耕种土地28亩，农禅并重，菜园竹林，苗圃花坛。

1998年修建成的草堂寺占地越50亩，由山门、天王殿、钟鼓楼、碑廊和碑亭、大雄宝殿、大悲殿、地藏殿、三圣殿、厢房、卧佛殿、法堂、鸠摩罗什纪念堂、八宝舍利塔及护亭、二柏一眼井、宗派图碑、经碑林和烟雾井及护亭等组成，藏经楼正在建中。天王殿中供奉弥陀佛，两旁为四大天王塑像，背后供奉韦驮天王。碑廊有历代碑碣28通。东碑亭内刻《敕封大智圆正圣僧禅师僧肇碑记》，是雍正皇帝表彰僧肇参与鸠摩罗什译经的功德所建。西碑亭内矗立着《唐故奎峰定慧禅师碑》。大雄宝殿内供奉释迦穆尼祖师、阿弥陀佛和药师佛塑像，背后有善财童子海岛观音五十三参故事塑像：即善财童子在文殊菩萨指引下，参拜了53位名师，最后成了观音菩萨的童子。大悲殿内供奉着玉雕释迦牟尼佛像和木雕千手观音立像。三圣殿内供奉阿弥陀佛、大势至和千手千眼11面观世音菩萨塑像。地藏殿内供奉地藏菩萨。卧佛殿内供奉汉白玉释迦牟尼卧佛像。法堂内供奉樟木雕金身毗卢遮那佛像。鸠摩罗什纪念堂内有鸠摩罗什楠木

陕　西　庙　会

佛教寺院

草堂寺山门

鸠摩罗什舍利塔亭

草堂寺烟雾井亭

　　雕像。舍利塔护亭内安置姚秦三藏法师鸠摩罗什舍利塔。该塔用八种不同颜色的宝石和大理石堆镶而成，故称八宝玉石塔。该舍利塔西侧有一块"逍遥园大草堂栖禅寺宗派图"碑，记载了与鸠摩罗什有关的僧众434人。碑旁有一口八角莲花井，是"供三千僧人之甘泉也"，井左右各有一株柏树，俗称"二柏一眼井"。鸠摩罗什纪念堂和护塔亭之间有许多刻着鸠摩罗什所译经的经碑，构成了碑林，这是草堂寺的一大特色。

　　草堂寺的会期按佛教规定，此外每月初一、初五和十五日信众较多。

陕西庙会

西安大慈恩寺

　　大慈恩寺位于西安市大雁塔周围，是玄奘从印度取经回长安后为储藏经书、舍利和金银佛像而于唐高宗永徽三年（652）主持修建的。每年会日众多，以正月十五为最盛。

　　玄奘，河南偃师人，名陈祎，生于公元600年，曾游学取经17年，行程十万里，经过110个域邑，把中国文化传播到印度等国，得到戒贤法师精心指导，又从印度取回657部梵文经书，先后在云经寺、弘福寺、大慈恩寺和玉华寺译经19年，翻译佛经74部，1335卷，包括《瑜伽师地论》《能断金刚般若波罗密多经》《大般若经》等经论，并创立了法相唯识宗。他还应唐太宗嘱托，口述弟子笔录，将他17年旅途中所经历的110个城邑和传闻的28个地区和国家的历史、山川交通、民俗风情、物产气候、政治文化、宗教信仰等整理成《大唐西域记》12卷，留下宝贵文化遗产，被尊为三藏法师。玄奘法师公元664年圆寂于铜川玉华寺，初葬于白鹿原云经寺，五年后移葬于长安兴教寺。

　　大慈恩寺是佛教法相宗的祖庭，因主张用"依他起相（即万法皆依他种因缘而起）""遍计所执相（凡夫普遍妄计所迷执为有）"和"圆成实相（圆满成就的真实体相）"解释宇宙万有的性相而称为法相宗。又因用唯识观（观察万法唯是识所变现）的方法洞察三相，达到转染（识）成净（智）而成佛，因"万法唯识"而又被称唯识宗。还因创始人玄奘和弟子窥基常住慈恩寺而被称为慈恩宗。

　　唐朝建立的慈恩寺是长安城内规模最大的佛教寺院，共计13院1897间殿宇，占地360亩，曾住僧侣300余名。唐高宗永徽四年（653）日僧道昭来华求法，从玄奘受教，法相宗遂传入日本。

　　唐末慈恩寺曾遭破坏，五代长兴年间和明万历年间曾经修葺保留

高僧和居士们合影

陕西庙会

开光法会莅会僧众

至今。新中国成立后曾多次维修，1961年被国务院公布为第一批重点文物保护单位。1980年以来一直在考虑重修大雄宝殿，但由于大殿处于西安市第八条地裂带上，殿体地面下陷，2005年春，增勤方丈约聘文物界、考古界、地质界和建筑界专家会商论证，作出重建方案，并于2006年施工，总建筑面积293.75平方米，长23.5米，宽12.5米，高9米，顶面为木结构，歇山式建筑，木材采用印尼波罗格原木540余立方米，木雕系东阳流派风格，佛像用传统生漆麻布制作，以浙派传统大漆贴金，须弥座整体用汉白玉雕凿制成。殿正中供奉释迦穆尼坐像，两侧为阿难迦叶，东西墙面为十八罗汉浮雕像。经近三年施工，于2008年底工程告竣，总耗资人民币1800余万元。2009年10月28日举行了盛大的大雄宝殿开光法会，并正式对外开放。

今日的大雄宝殿庄严雄伟，雕梁画栋，盘龙昂首，飞龙金妆辉煌瑰丽，令人神往足驻，既是僧侣修持礼佛之圣地，又是旅游观光者赏心悦目之化境，亦是全省佛教大雄宝殿之冠！新建成的慈恩寺占地20余亩，由南广场、山门、钟鼓楼、客堂、云水堂、大雄宝殿、先觉殿、示现堂、观音殿、伽蓝殿、甘露堂、财神殿、法堂、大雁塔、塔林、玄奘三藏院（院内有般若堂、大遍觉堂、光明堂和图书馆）、斋堂、东西僧院、办公室和牡丹亭等构成。

慈恩寺会期按佛教规定日期，庙会期间，除众多中外善男信女礼佛外，西安市内各鼓乐社纷纷进寺敬香演奏古乐。

陕西庙会

佛教寺院

方丈增勤带众人进入法堂

开光法会莅会僧众

开光后的释尼佛像

增勤方丈宣布法会开始

大德和尚摸顶

增勤方丈与资助人向佛祖敬香

【陕西庙会】

135

王寺归元寺

归元寺地处西安市长安区王寺街道办许村北边，始建于唐贞观年间，寺内的建筑曾有大殿、菩萨殿、关公殿、东西厢房和钟鼓二楼，曾是玄奘取经回归后觐见唐太宗前所住锡的最后一站。唐贞观十九年（645）玄奘取经归来，一行50余人，驮马20匹，携带如来佛骨舍利150粒，纯金佛像两尊（一高三尺三寸；一高三寸），檀佛四尊（各高二、三寸不等），银佛一尊（高四尺），佛教经典252夹，共657部，登坐于归元寺。归元寺盛情接待，昼夜灯火通明，经声入云，钟声响彻方圆数十里，宾主共庆取经圆满！祈求风调雨顺，国泰民安！寺南两台大戏同唱一个多月。这年正月二十三日，朝廷指派房玄龄到归元寺迎请玄奘法师进入长安城。自此每年正月二十三日便成为流传至今的归元寺庆典法会日。

归元寺历经沧海桑田，历史变迁，曾数度兴衰。前清时期，回民举兵杀进关中，归元寺遭大火焚毁，但很快被当地村民修复。"文革"前仁惠法师住持归元寺多年，弘扬佛法，德高望重，临终前架柴坐化，自焚圆寂。"文革"后仅剩一座佛殿，其余建筑村民以校园为名得以保护。三中全会后年已八旬的归元寺住持常义法师不顾疲劳，历尽艰辛，四处奔波筹资，并特聘慈光法师住持归元寺，翻修了山门、天王殿、卧佛殿，重塑了卧佛，新建了地藏阁、念佛堂、方丈室、五观堂、寮房、库房和祖师佛塔等，使寺内井然有序，清雅宜人，香火不断。

念佛堂正面

  陕 西 庙 会

佛教寺院

念佛堂内观音菩萨

归元寺山门

地藏阁、卧佛宝殿与念佛堂

归元重辉禅房

西天接引图

【陕西庙会】

灞桥云经寺

云经寺位于西安市灞桥区东部白鹿原西麓湾子村东约二里的半坡上,传说白鹿原状如一条卧龙,云经寺是龙怀抱的一粒珠子。云经寺始建于隋文帝开皇四年(585),隋唐时代寺院规模宏大,是佛教临济宗活动的道场,唐太宗李世民以"烘可为云,骑可为经,策可为寺"之说遂定名云经寺。据石碑记载,寺内有高僧姚秦鸠摩罗什弟子云冰法师讲经布法五十余年,香火鼎盛,闻名遐迩,至盛唐,玄奘法师在寺内译经数年,至高宗李治麟德元年(664)玄奘法师圆寂于玉华宫遂葬于云经寺,五年后,于高宗总章二年(669)移葬于长安兴教寺。后云经寺渐趋衰落,亦遭战乱兵祸,寺院毁坏失修,文物资料散失殆尽,现仅存数块残碑。十一届三中全会后,佛教人士和当地群众纷纷要求修复,于2008年5月相继修建了菩萨殿、药王洞、弥勒殿、送子殿、大雄宝殿、往生殿、斋堂、禅堂、围墙和佛塔等,并于2008年对外开放。云经寺的重要会期为每年正月二十九日和七月十五日。

史家坡锣鼓秧歌表演

锣鼓秧歌队上寺

弥勒殿

湾子村秧歌表演

  陕西庙会

佛教寺院

云经寺庙会

云经寺迎佛进殿

大雄宝殿

敬佛就位神龛

菩萨就位

【陕西庙会】

139

长安兴教寺

兴教寺位于西安市长安区樊川北塬少陵塬东南坡,是唐玄奘公元664年圆寂于玉华宫后于669年由云经寺迁葬遗骨建塔之地,并随即建寺。寺名大唐护国兴教寺,唐肃宗为玄奘舍利塔题写塔额"兴教",寓意大兴佛教。每年二月十九,四月初八,六月十九和七月十五为盛会。

清同治年间被兵火焚毁,幸存玄奘和两弟子舍利塔。1922年寺僧募资修大殿、僧房十余间,后曾由朱子桥、程潜增建并修葺塔亭、大殿、藏经楼、山门等,并补修了三塔,中间最高者为玄奘灵塔,高约21米,五级,仿木结构楼阁式砖塔,底层北壁镶有唐文宗开成四年(839)刻的《唐三藏大遍觉法师塔铭并序》,塔底南面有拱形券洞。龛内有玄奘泥塑像。塔左右有较小矮的砖塔各一座,均高约7米,三级,分别为玄奘弟子窥基(西边)和新罗王之孙圆测(东边)的灵塔,建造于682年和1115年。

窥基原名尉迟洪道,是尉迟敬德的侄子,17岁出家拜玄奘为师,唐太宗赐法号窥基,聪慧好学,很快能帮译经文,50岁去世。圆测是新罗(朝鲜)王的孙子,随遣唐使来长安,精通梵文,熟悉汉文,后拜玄奘为师,是唯识宗的继承人之一,临终前嘱咐

火化现场

陕西庙会

兴教寺卧佛殿

弟子陪葬在师父舍利塔旁。

　　新中国成立后两次拨款整修，1982年以后又进行全面修缮和增建。1983年被国务院定为全国重点寺院。现在的主要建筑有山门、钟鼓楼、大雄宝殿、法堂和藏经楼等。

　　兴教寺住持是陕西省佛教协会会长常明和尚，监院宽池法师。常明大和尚姓季，号省悟，1916年生于咸阳马泉镇，1937年4月拜终南山紫竹林拂尘老和尚为师，1939年9月于西安大兴善寺依心道律师座下圆具拜读了许多佛学经典和医学书籍，对佛学领悟非凡，造诣极深。曾云游诸多名寺，拜访过许多著名高僧。1950年参禅于扬州高旻寺来果老和尚，1953年在北京广济寺参拜近代高僧虚云老和尚。1956年就读中国佛学院，亲近喜饶嘉措会长、法尊、巨赞、观空等大德，备受正果法师器重。1958年毕业后应四众礼请，入住长安兴教寺主持法务。"文革"中僧众四散，殿宇荒芜，唯师担纲护持，守护如来家业，延续佛法慧命。落实党的宗教政策后，率众修葺寺院，丕振僧纲，为中兴千年古刹，呕心沥血，殚精竭虑。1984年荣膺护国兴教寺方丈。先后在大兴善寺、兴教寺、香积寺、白马寺、草堂寺、卧龙寺、永明寺戒场礼请为羯磨和尚，接引后学，绍隆佛种。多次出访日本、泰国、尼泊尔、韩国、香港和台湾，为增加国际友谊和世界和平作出贡献。常明大和尚于2009年四月十八日圆寂，四月二十五日举办了示寂赞颂追思法会，四月二十六日举行了荼毗。现灵龛供养在方丈室内。

佛教寺院

兴教寺山门

送灵龛火化

常明和尚灵龛经过钟楼时

向遗体告别的人群

常明的舍利子

常明的舍利子

西安罔极寺

罔极寺位于西安东关炮坊街49号，是唐神龙元年（705）太平公主为其母武则天逝世后祈福所建。寺名取自《诗经》"欲报以德，昊天罔极"。全盛时僧人达千余名。史载："穷极华丽，为京师之名寺"。唐玄宗时曾改称"兴唐寺"，后又复名。五代战乱时，寺内建筑物多毁于大火，仅卧佛殿幸存，故曾称卧佛寺。罔极寺开山祖师为慧日法师，慧日曾"游印度归罔极，弘净土宗"，即为净土宗道场。明正统八年（1443）和清初重修，曾由藏传喇嘛住持，民国24年改为尼庵至今。1992年整修扩建成现规模。现在建筑有山门、韦驮殿、大雄宝殿、卧佛殿、禅堂、财神殿、东西厢房、斋堂和僧寮等。现存重要文物古迹有：山门外唐造独角兽，唐朝莲花座，明朝碑碣，清朝所建金刚殿，舍利塔二座（其一是清康熙时所建东院喇嘛塔），各类碑六块（包括明正统八年碑，清嘉靖四年，乾隆五十四年，道光三十年和民国24年重修碑记）。现住持是常瑞法师，西安人，30岁，1988年出家，毕业于福建佛学院，兼任陕西佛教协会理事，碑林区政协委员。退休方丈果方法师，西安人，76岁，1949年出家，中国佛教协会理事，西安佛教协会常务理事。

罔极寺的会期是：初一和十五日；二月十九日；四月初八日；七月十五日；九月十九日；十二月八日；十二月三十日。

慧日法师画像

大雄宝殿

丹心觉世

陕西庙会

佛教寺院

西安大唐感业禅寺

受朝代变迁和社会动乱影响，大唐感业禅寺有两处，明代石碑和民国建筑位于西安市未央区汉城遗址西北隅的后所寨旁的感业寺小学后院内，2004年5月新建的大唐感业禅寺位于高庙南村牌坊以西约300米的席王村旁，北临渭河，南望龙首。乘518路或234路汽车均可到达。

寺院最早原是隋朝太师申国公穆的别宅，唐贞观二十三年（649）唐太宗李世民将隋朝秦孝王杨俊家宅所立的济渡寺，从长安崇德坊迁来，使二寺合一，扩建为唐代禁苑西部的皇家寺院，规模宏大。唐代皇宫规定，皇帝驾崩后，后宫嫔妃未育子女的，要离开皇宫，把她们送进专门接待被驱逐嫔妃的专用寺院——大唐感业禅寺。《资治通鉴》记载："唐贞观二十三年五月二十六日，唐太宗李世民驾崩遗诏，命武才人出家于感业寺"，"唐高宗李治，永徽五年三月诏回宫"。《唐会要》记载：武则天曾在感业寺作诗一首《如意娘》："看朱成碧思纷纷，憔悴支离为忆君。不信比来长下泪，开箱验取石榴裙。"永徽元年（650）五月二十六日，唐太宗周年忌这天，李治来感业寺行香，"上（李治）因忌日行（上）香见之，武氏泣，上亦潸然（流泪）。"史载武则天在感业寺度过五年的比丘尼生活，晨钟暮鼓，青灯古佛，博览群经，完善寺规，充实律义，增删课诵，为佛教事业作出过贡献。后来李治借给其父上香之名，多次前往感业寺看

感业寺弘道塔

陕西庙会

感业寺大雄宝殿诸菩萨塑像

望武则天，并不顾四面反对之声，毅然把武则天从感业寺接回皇宫，封为武昭仪，再立皇后。当时的感业寺遗物，仅存有当年的石栏和一口武则天汲水的水井。

《咸宁长安两县续志·祠祀考》记载："感业寺，同治兵燹，殿宇尽毁，仅存明万历年一碑"，乡人掘土所得一碣（石碑）上书："唐武后禁香院"六小字，下书"大唐感业禅寺"六大字今俱存。明万历年间，感业寺重修，按原面积缩小到十分之一，占地仅30亩，其他布局不变。重修后石碑和匾额各一方碣石现存遗址前碑亭内照壁下。明末清初因兵火，建筑大部分被毁。清末民国初，群众捐资重修大殿，现存于感业寺小学后院。该寺院在"文革"中遭受了严重破坏，80年代后在市区领导关怀下，经宏道法师多年奔走，于2004年5月25日（四月初八）中兴香火，使得这一著名的千年古刹恢复到如今状态。

每逢初一和十五群众上香，居士念经。每年腊月三十到正月初一群众争上头香。二月初二会期最隆重。二月初八、四月初八和十二月初八为释迦摩尼佛日。二月十九、六月十九和九月十九为观世音菩萨日。七月十五为盂兰盆节（也称佛喜欢日）。七月三十日为地藏菩萨诞辰日。十一月十七为阿弥陀佛日。

本寺主持释宏道法师尚在蓝田水陆庵、户县金峰寺和鸣犊法音寺等寺院举行诵经活动和法事。

盂兰盆节期间，西安市不少佛徒来寺行盂兰盆供，并念盂兰盆经。盂兰是Ullambana的译音,倒悬之义,形容苦厄之状,盆指盛供品的器皿。佛教认为供此具可解救已逝去父母、亡亲的倒悬之苦。盂兰盆即"解倒悬"之义。印度佛经中的《盂兰盆经》以修孝顺励佛弟子的旨意,合乎中国追先悼远的俗念,于是更加普及。从此,汉语系佛教地区,根据《佛说盂兰盆经》而于每年七月十五日便举行超度历代宗亲的佛教仪式,称为盂兰盆法会、盂兰盆斋和盂兰盆供等。盂兰盆经的故事:释迦牟尼的十大弟子之一的目连(也称目犍连)得到六通(六种智慧)后想报答父母的养育之恩,即用道眼视察,看到已逝去的母亲在饿鬼道中受苦,瘦得皮包骨头不成人形,目连十分伤心,于是用钵盛饭,想送给母亲吃,但是饭刚送到他母亲手中,尚未入口即化为灰烬。目连无奈,哭着请求佛祖帮助,救救他的母亲。佛祖说:"你母亲罪孽深重,你一个人是救不了的,要靠十方僧众的道力才行,你要在七月十五日众僧结夏安居修行圆满的日子里,敬设盛大的盂兰盆供,以百味饮食供养十方众僧,依靠他们的感神道力,才能救出你的母亲。"目连按照佛祖的指点去做,他的母亲真的脱离了饿鬼道。佛祖还说:"今后凡佛弟子行慈孝时,都可于七月十五日佛自恣(舒服)时,即佛喜欢日,备办百味饮食,广设盂兰盆供,供养众僧,这样做既可为在生父母添福添寿,又可使已逝的父母离开苦海,得到快乐,以报答父母的养育之恩。"

明代石碑与清末民国初感业寺建筑

感业寺大雄宝殿南院

大唐感业禅寺照壁

主持领引居士念盂兰盆经

陕西庙会

扶风法门寺

法门寺位于扶风县城北10公里的法门镇,距西安110公里,原名阿育王寺,始建于东汉恒灵年间(147—189),距今约有1700多年。传说印度国王阿育王为弘扬佛法,将释迦牟尼遗体火化结成的舍利分成84000份,分送世界各国建塔供奉,中国有19处,阿育王寺为第五处。因舍利而建砖塔,因塔而建阿育王寺,原塔俗名"圣冢",是关中塔庙始祖。北魏皇室后裔拓跋育曾予以扩建,并于元魏二年(494)首次开塔瞻礼舍利。隋文帝开皇三年(583)改名为"成实道场",仁寿二年右内史李敏二次开塔瞻礼。唐高祖李渊武德七年(625)敕建并改名"法门寺",改建成4级木塔,高宗显庆年间曾修成瑰琳宫24院,建筑极为壮观。唐真观年间曾三次开塔就地瞻礼舍利,唐高宗显庆五年,武则天长安四年,肃宗上元六年,德宗贞元六年,宪宗六和十四年和懿宗咸通十四年均迎请至宫内供奉。唐僖宗李儇最后一次送还佛骨时,按照佛教仪轨,将佛指舍利及数千件稀世珍宝一同封入塔下地宫,用唐密曼荼罗结坛供养,佛塔被誉为"护国真身宝塔"。宋代曾恢复到最大规模。明清两代有所衰弱,明隆庆三年(1569)木塔崩塌,明万历年间建成13级8面砖塔,高47米。顺治十一年地震使塔体裂缝,当地官民信众曾尽力整修。

新中国成立后香火曾旺盛,1956年8月6日陕西省人民政府公布法门寺为陕西省文物保护单位。1981年8月24日因霪雨连绵真身宝塔坍塌。1984年政府落实

法门寺真身宝塔

合十舍利塔

宗教政策，将其交由佛教界管理。1987年重修时考古工作者拆除残塔，清理塔基时，在唐代地宫发现唐王室供奉的大批金银器、琉璃器、瓷器等珍贵文物和佛指舍利，轰动国内外，从此揭开了法门寺佛元新页。1988年法门寺对外开放，在澄观法师和净一法师带领下，经佛教四众努力，先后建成大雄宝殿、长廊角亭、钟鼓楼、玉佛殿、千佛阁、真身宝塔和地宫、珍宝馆、禅房、祖堂和图书馆、瀍房（佛学院）、斋堂和寮房等仿唐工程。1998年对宝塔、地宫等进行装饰，体现了无上法门，无尽法界，结合历史、宗教信仰和科学艺术等内容为一体，又是供养佛指舍利的大曼荼罗坛场，历现唐密曼荼罗之精华。2004年元月，法门寺两序大众礼请当代高僧学诚大和尚晋院住持，宗风丕振，更清净庄严。2006年5月25日国务院公布法门寺遗址为全国重点文物保护单位。2009年陕西省和扶风县政府依托法门寺建立了法门寺文化景区，一期工程占地1300亩，包括山门广场、佛光大道、原法门寺寺院及合十舍利塔四大部分，使新的法门寺成为"千载佛家圣地，万世人文经典"的世界级文化景区。

近年来佛指舍利分赴泰国、台湾、香港和韩国等地赡礼供奉，影响极大。法门寺的会期为每年农历四月初八；七月十五；十二月初八。

陕 西 庙 会

佛教寺院

法门寺山门

东钟西鼓(空门、圆融门)

十一面千手千眼观音菩萨感恩法会

释尼塑像与舍利子

太子诞生

双林灭度石雕

唐地宫口

二楼化身佛

【陕西庙会】

长安华严寺

　　华严寺位于西安市长安区少陵塬西南半坡上,是中国佛教华严宗祖庭,始建于唐贞观年间(627—649),按佛教规定日活动,建设期间每周六讲经。曾凿塬为窟安置佛像和供僧人居住。寺内曾有东阁法堂、会圣院、澄襟院及初祖、二祖、三祖和四祖灵塔等建筑,历经唐、宋、金、元、明和清代风雨,渐趋荒落,清乾隆年间关中大地震使少陵塬滑坡,殿宇尽毁,仅存两座砖塔。1930年陕西大旱,朱子桥居士来陕西赈灾时曾动工修塔。1986～1988年曾将清凉国师塔迁建于原址东侧距杜顺塔20米处。2005～2006年陕西省政府牵头,进行了为时一年的"陕西——中国汉传佛教祖庭寺院调研规划"活动,肯定了华严寺的祖庭地位和历史价值,成立了华严寺重建委员会,制定了十年建设规划。2009年10月15日陕西佛教协会在华严寺原址隆重举行了重建奠基法会,到会的有长安诸山长老、省市区宗教领导部门负责人和各界人士数百人。法会由大名寺方丈性谛主持,首先进行了诵经洒净,接着佛协代表大慈恩寺方丈增勤法师讲话,长安区宗教局长冯建龙代表省市区领导讲话,华严寺重建委员会代表齐燕讲话,最后由华严寺住持、中国佛学院硕士、陕西省佛协副秘书长兼教务处主任宽昌致谢词,然后合影,并奠基培土鸣炮结束。

众人洒净

陕西庙会

佛教寺院

基石培土并鸣放烟花和鞭炮

奠基石

培土

唱国歌

洒净

长安至相寺

至相寺是佛教华严宗发祥地之一,又名国清寺,位于西安市长安区子午街办东部的天子峪内,按佛教固定日活动,夏季信众上香者较多。所处地势雄巍,寺院如建于龟背上,坐西向东,居高临下,视野广阔,后靠突起之龙背,前视挺立之驼峰,左倚龙首,右临伏虎,负阴抱阳,瑞气峥峥,东方群山层峦叠嶂,北视秦川沃野历历在目。传说唐太宗李世民曾多次诣寺敬香,距寺院约八里之山顶上有避暑离宫"唐王寨"。

至相寺始建于隋文帝开皇十五年(596),隋唐时极盛,高僧辈出。华严宗二祖智俨,12岁随华严宗始祖杜顺到至相寺出家,受教于杜顺,后又跟智正学《华严》,探讨《华严经疏》等经书,融会贯通之后,开始著书立说,使华严宗佛伦创具规模,宗风渐振,时人称他为"至相尊者"。

至相寺于宋元明三代渐衰,清代改称国清禅寺,同治五年二月方丈海乾和尚重修,光绪二十年西安卧龙寺方丈东霞禅师兼理寺事,竭力营构,一时托钵者极众。民国25年(1936)白道峪法亮大和尚和裴公洞监院恒康大师重修。

至相寺法堂

至相寺大雄宝殿 　至相寺山门

至相寺禅堂 　至相寺药师佛殿

伽蓝佛塑像 　至相寺虚云老和尚塑像

　　1950年前后常住僧人30余名，土地数百亩，殿宇房舍40余间，院内外古树名木数十株，寺区碑塔林立，远近闻名。土改时只剩13名僧人，分得土地50余亩，山林百余亩。20世纪60年代中期遭严重破坏，古树名木多被伐，殿舍经像被毁，碑志被砸，塔、龛、墓全部被平毁，地下许多文物被盗，碧峰塔内七枚波斯萨珊朝银币、鎏金莲花等文物现藏于陕西省历史博物馆。十余户山民迁来寺区安家耕种。

　　1985年以来落实宗教政策，僧人本智住持至相寺，重修大殿，新塑佛像，现有大殿、韦陀殿、方丈室各三间，僧房六间，厨房两间。珍藏三论宗之祖吉藏墓盖一个，唐槐和银杏数株，墓塔一座，碑刻五块，"曹洞正宗第三十世灵源紫谷大和尚涅磐塔"六棱石碑、底座与塔帽，"大唐故二谛法师墓志"，莲花洞四孔，法海井等，水泥道路可直通寺门。近年来韩日台地区佛教人士、专家学者纷纷来寺参拜考察，已经政府批准，将国清寺恢复为至相寺，使其成为专修《华严》之道场。现任住持妙醒法师，31岁，山东人，1993年出家，师从明哲法师，发愿重修中兴至相寺。

长安净业寺与丰德寺

长安净业寺是佛教律宗的祖庭,位于西安市长安区沣峪口内的终南山北麓凤凰山上,是我国佛教重点寺院之一。

净业寺位居凤凰山腹,坐北向南,东对青华山,西临沣峪口,南面视野开阔,可望观音、九鼎诸峰,是静心清修的道场。

净业寺始建于隋末,唐初成为高僧道宣修行弘律的道场,因而成佛教律宗发祥地。律宗因着重研习及传播戒律而得名,创始人是唐代道宣,因依据五部律中的《四分律》而又称四分律宗。因道宣常住终南山,又称南山宗。律即戒律,是经、律、论三藏之一,因以研习戒律为主,故名律宗。道宣(596—667)姓钱,江苏丹徒人,自幼聪慧,15岁出家,20岁受具足戒,先后跟智顗、智首律师钻研律学,后周游晋魏,四方参学,于武德七年(624)结庐终南,始居白泉寺、丰德寺,后受护法菩萨"地当宝势,道可习成"之示,遂移居净业寺。此后40余年,研究律学,著律学著作多部,广弘律学一脉。唐乾封二年(667)在终南山清宫精舍创立戒坛,为诸州沙门20余人传授具足戒。所著《关中创立戒坛图经》成为后世戒坛之模范。唐玄奘、窥基、圆测法师、牛头祖师及孙思邈等与道宣律师交往的故事颇多,曾为玄奘法师译经。道宣曾以高超智慧使唐高宗收回僧人跪拜君亲之命,时人称其为护法菩萨。道宣于唐高宗乾封二年

净业寺山门

丰德寺

（667）圆寂，葬于坛谷石室。唐高宗诏令天下寺院奉供道宣律师画像，并令名匠韩伯通为其塑像。后人因他长期居住终南山，故尊称他为"南山律祖"。道宣律师门下有受法传教弟子千人，著名的有大慈、文刚、道岸和道宗等，道宗的再传弟子鉴真将律学传到日本，成为日本律宗祖师。

唐末净业寺渐衰，明正统二年（1437）和天顺四年（1460）曾重修殿堂。明嘉靖三十四年（1555）因地震塔倾，到隆庆年间（1567）才加以修复，康熙五十二年（1713）重修道宣律师塔，嘉庆十八年（1813）重修殿宇。道光年间（1832）寺况稍盛，在东山谷修建了68间茅蓬供僧人禅修。"文革"期间寺院被毁，仅存残垣断壁，党的十一届三中全会后落实宗教政策，政府拨款维修，少林寺僧人永空发心住山，住持道场，四方筹资，重修了山门和山路、天王殿、大雄宝殿、祖师殿、迁佛堂、药师殿、伽蓝殿、知珍堂、客堂、僧寮，增建五观堂和厨房等，使净业寺焕然一新。现任住持本如法师，32岁，福建厦门人，毕业于厦门大学，1988年出家，师从妙湛法师，发心住持净业寺，恢复了戒坛，修复了东沟道宣舍利塔，现正在新建禅堂。

净业寺的会日是：初一、十五日和四月八日。

丰德寺位于西安市长安区滦镇沣峪口东山坡上，与净业寺为邻，距西安40公里，始建于隋。据大藏经记载：隋开皇三年（583）智藏禅师隐居此山苦修，隋文帝几经差人引荐入宫，师均谢绝之，帝为此感概赞叹，故亲下御诏，诏其所居为丰德寺。意表对师之丰厚道德的敬佩。隋末唐初，唐高僧道宣律师常居此山，在丰德寺撰疏著述40余部律经名著，并在后山初设戒坛宏传戒律，闻名于世。因此，丰德寺又名丰德律

陕西 庙会

佛教寺院

净业寺昔日窑洞

净业寺门殿

净业寺甘露井

净业寺佛洞

弥勒佛石雕

净业寺门殿

寺，后人尊道宣律师为南山律祖，称丰德寺为南山律宗祖庭。唐高宗李治永徽年间（650—655）重修，圆测高僧也曾住持该寺，兴盛一时。唐以后香火不旺。明永乐年间（1403—1424）整修，乾隆五十八年重修，同治年间兵灾被毁，光绪十九年重修。新中国成立后殿宇保持较完整，有僧人住，1960年调整寺院后由比丘尼住持。"文革"期间遭到严重破坏。1986年以来僧尼多方集资，翻修了大雄宝殿、天王殿、南北厢房，新建了房舍。1999年市佛协和区政府委派释顿宣法师等人住持，在市区佛协支持帮助下，收回了被村民占用的山门，在香港旭日集团杨钊居士资助下，于2008年新建了山门，寺院已换新颜。现正在按规划扩建之中，将使丰德寺达到新的辉煌。丰德寺的会日为六月十九。

【陕西庙会】

 陕 西 庙 会

西安大兴善寺

　　大兴善寺位于西安市南郊小寨十字西北。这是一座规模较大的佛教密宗祖庭寺院，创建于西晋武帝泰始三年（265），隋唐时为国立译经场。印度高僧曾在此译经，不空和尚为唐灌顶国师，在此为诸多名僧升堂灌顶。

　　随着国家富强，人民生活水平的提高和国家宗教政策的落实，佛教寺院也在发展之中，现在界明方丈率四众弟子发愿重建大兴善寺，已完成了整体设计规划，重现隋唐时皇家寺院的辉煌。规划占地120余亩，分两大部分：一是修建以现有建筑为主体的庙宇建筑群，包括山门、天王殿、大雄宝殿、观音殿、法堂、钟鼓楼、文殊殿、普贤殿、平安地藏殿、救苦地藏殿、大经堂、金刚堂和佛学书画艺术院；第二部分是以旅游为主的佛祖洞、观音洞、亭、阁、廊、盆景等林园景观。以佛教建筑为中心，形成南北平行的三条轴线建筑结构。

　　三月十六日，七月十五日和九月十九日为法会日。2006年三月十六日举行准提菩萨法会上，西安各区街村的古乐社纷纷到寺奏乐并诵经。到寺的乐社有保吉巷古铜乐社；白庙小区铜乐社；府三学坊大悲寺古铜器社；西关王家巷铜乐社等。此外，每月初一和十五以及其它法会期间举行灌顶和火供仪式。佛法认为，灌顶能使弟子菩提心猛增，佛性显露，善根增长，罪业清净等。火供可增福，延寿，消灾免难。

山门

祭拜金刚堂内大日如来佛

大雄宝殿前进香人

弥勒佛

西安青龙寺

青龙寺位于西安市西影路铁炉庙村北乐游原上，乘公交车在青龙寺站下车后向北走约五百米即到。

青龙寺是佛教密宗的重要道场，唐代密宗大师惠果曾长期住持该寺而闻名中外。又因日本高僧空海曾来华师事惠果学习密宗教法，受其嫡传得弘法大阿阇梨位，遂将密宗教传入日本，创立日本真言宗成一代宗师。因此青龙寺成为日本佛教真言宗的祖庭。

青龙寺始建于隋文帝开皇二年（582），初名灵感寺，唐高宗武德四年（621）一度废弃。高宗龙朔二年（662）城阳公主患病，苏州和尚法朗诵《观音经》祈佛保佑得愈，公主奏请复立为观音寺。睿宗景云二年（711）改称青龙寺。当时的青龙寺占地200余亩，相当所在地新昌坊的四分之一，地位显赫，气势宏伟，建筑顺乐游原自然地形错落有致，有大雄宝殿、藏经阁、木塔门和戏楼等几进院落，回廊环绕，曲径通幽，寺内松柏参天，茂林修竹，景色宜人。京城方圆善男信女参拜礼佛者摩肩接踵，百余年盛况不衰，盛名远播海外。日本真言宗师祖空海、诃陵国（今印度尼西亚爪哇岛）僧人辨弘、新罗（朝鲜）僧人惠日、悟真均师从惠果学习密宗教法。

青龙寺北门

  陕 西 庙 会

惠果空海纪念堂

大日如来（密宗之佛）

空海纪念碑

惠果与空海塑像

唐武宗会昌五年（845）发生灭佛活动，青龙寺遭到破坏。翌年得到修复，改名护国寺。宣宗大中九年（855）恢复青龙寺名称。后经唐末五代战乱，寺院逐渐衰颓，直到北宋元祐元年（1086）后废毁。

1956年陕西省政府公布青龙寺为省级重点文化保护单位。并多次进行勘探发掘，出土文物保存在空海纪念碑院内的博物馆内。1982年起西安市与日本香川、德岛、高知、爱媛四县协议在青龙寺遗址共建了空海纪念碑、惠果空海纪念堂和青龙寺庭院，使青龙寺成为中外文化交流观瞻休闲之场所。今日青龙寺有两个院落：一是空海纪念碑，内有青龙寺博物馆、空海纪念碑、云峰阁和碑画廊等；二是青龙寺，内有惠果空海纪念堂、钟楼、大日如来佛台和青龙寺庭院等。纪念堂内供奉大日如来、惠果、空海雕像和大黑天财神塑像。寺内有僧人15～16人，方丈释宽旭，40余岁，甘肃人。

青龙寺1996年被国务院公布为全国重点文物保护单位，其会期主要有：二月十九日；四月八日和九月十九日。

西安卧龙寺

西安卧龙寺位于碑林区柏树林街卧龙巷西口,始建于东汉灵帝年间(168—189),初名福应禅院。唐贞观十一年重建时因有吴道子所画观音圣像供奉寺内,故易名观音禅寺。宋初高僧惠果入寺当住持,终日高卧,时人称呼"卧龙和尚",宋太宗年间(976—997),因太宗常临寺与禅师卧龙尊者共谈佛法,机缘相投,又见禅师春秋长眠,遂更名卧龙寺至今。唐懿宗咸通年间(860)和僖宗乾符年间(874)先后在寺内建立了石刻陀罗尼经幢,至今仍残留在法堂前院两侧。元、明、清代曾多次重修,现有多通石碑记述了这段历史,如明洪武十年(1377)立碑(大雄宝殿东边)中称:"碑文显文如花朵,故人称开花碑"。明正德十六年(1512)重修殿宇。清咸丰二年(1852)中兴为十方丛林,同治七年(1868)重修殿堂,立"卧龙历史碑"。1900年慈禧与光绪避难西安,施银千两重修殿宇,并建石牌坊一座,亲题"慈云悲日""三乘迭耀"匾额,为山门书额"敕建十方卧龙禅林"。当时西藏、蒙古喇嘛和王公们赠送供品和佛像在卧龙寺供养。1931年朱子桥等人曾筹资修整过大雄宝殿、禅堂和东西院房舍,并广购佛经创建佛学图书馆,请太虚法师讲经说法,使卧龙寺曾繁荣一时。历史

祖师殿

陕 西 庙 会

千手观音金身塑像

上卧龙寺曾多次被毁,北魏孝文帝太和年间的小石佛,唐代吴道子所画观音像石刻,梵文俺字碑,宋真宗咸平六年所造铁钟,以及慈禧所题匾额均不见踪影。现有仿吴道子观音像是释如诚方丈用碑林石刻拓片刻制而成。1978年落实宗教政策后逐步迁出,在省市区宗教组织支持下,用市政拨款、搬迁费和海内外四众资助,历时六年,于1992年将法堂、廊房、禅堂、斋堂和山门等建筑修建完整。

　　现在的卧佛寺是一座明清风格寺院建筑,占地15亩,由东、中、西三院组成,东西院主要为寮房和斋堂,中院占地6亩,由五院十二殿堂组成:五院包括山门院、天王殿院、大雄宝殿院、大悲殿院和法堂院。十二殿堂是山门、天王殿、观音殿、地藏殿、韦驮殿、大雄宝殿、师祖殿、客堂、大悲殿、地藏王殿、药师殿和法堂。大雄宝殿内供奉释迦穆尼塑像和玉像,东西墙上彩绘韩国保存并提供的唐代卧龙寺佛经故事壁画。大悲殿内供奉千手观音与韦陀塑像。地藏王殿内供奉地藏王塑像,并挂满佛力接引符。药师佛殿供奉药王塑像,并挂满消灾符。法堂内供奉释迦穆尼瓷佛。五个殿院内布置有多代帝敕石碑和记录卧龙寺历史的石碑。仿唐观音像石碑在大雄宝殿西侧,佛足印在东侧。明代石碑在法堂东侧。

　　2009年1月12日作者采访了释如诚方丈,他说:卧龙寺本有许多历史留下的珍贵文物,可惜多已损失,只有残存的经幢和数通石碑。卧龙寺的特点是安静,无杂事打扰,为想在安静环境下工作的人提供了方便。确有不少人在这里住过。这里不卖门

佛教寺院

陕西庙会

陕西庙会

佛教寺院

达摩祖师

排队吃腊八粥人群

卧龙禅寺

五体投地拜佛人

【陕西庙会】

票,不做宣传,但几乎每天都有信众拜佛,除佛日外,初一、十五居多,特别是腊月三十和大年初一,以及腊八,香火尤旺盛,人流水泄不通,捐赠钱物不少,但取之于民,也用之于民。寺内供养了为信众服务的120余名僧人,并救济需社会救济的人。腊八粥一次施舍两千余斤粮食,蓝田的信众也来寺要粥。汶川大地震后,寺院立即向灾民捐款十万元。如今的寺庙,不仅是社会宗教信仰单位,也是社会慈善事业单位,对促进社会和谐有难以估量的积极作用。

长安南五台

南五台古称太乙山，因其位于耀县五台山（即药王山）之南，又因山上有观音台、文殊台、清凉台、灵应台和舍身台五个小台而得名，是佛教圣地之一，其中也修建有道观，如吕祖行宫和灵应殿等。从长安区公交车站乘4-04路中巴直通台门。从五台乡留村竹谷到五台山主峰圆光寺约12.5公里，乘小巴车约半小时可到二天门。再向上行约千米可到达观音台或灵应台主峰。

《关中通志》载："南山神秀之区，惟长安南五台为最"。南五台为秦岭终南山北部最高峰，主峰观音台海拔1688米，山上庙宇开辟于隋，盛于唐，毁于五代时期，宋元复兴，后屡遭战乱，屡毁屡建，"文革"彻底拆除，20世纪80年代后逐渐兴建，已投资6000余万元，修复庙宇景观约58处。计划将在观音台经舍身台到翠华山天池间建设长5000米的架空索道，使五台景区与翠华山景区连通。到时，南五台景区将超越历史之最。

据《咸宁长安县续志》载：南五台在白石峪内，白石峪至正顶圆光寺20余里，沿路寺庙林立，有佛教和道教寺观50余处，号称72汤坊。历史上，隋文帝及其母，唐太宗及其母，李白，孟郊，慈禧，蒋介石，宋美龄，胡宗南，邵力子等人曾游拜过南五台。

兜率台

陕 西 庙 会

文殊台与灵应台

现已修建好的主要庙观景点有观音台、大茅棚、文殊台、清凉台、灵应台、兜率台、显圣台、四面佛台、黑虎殿、火龙洞、紫竹林、五马石、下圣寿寺、弥陀寺等多处，送灯台和舍身台等景点尚待修建。

观音台是南五台的主峰，海拔1688米，峻拔凌霄，始建于隋仁寿年间，供奉观世音菩萨，称为观世音寺，唐代为避李世民之世字，改名观音寺。《咸宁县志》载："唐大历六年，寺称五台山圣寿寺。宋太平兴国三年前后，六显圆光，故额题五台山圆光之寺。其名沿用至今。"印光大师、道安、海登等大德高僧曾在此修行。光绪五年（1879）、民国四年（1915）、1953年曾发生三次火灾。1953年，1986年重建，1993年扩建成现状，供奉观音菩萨塑像。

大茅棚又称西林寺，位于观音台下西北约130米处，始建于隋，隋唐时期为佛教道场，光绪十六年（1891）改为瓦顶，是净土宗发源地，1929年朱子桥曾出资修葺，1953年海灯法师曾来寺讲经。1990年香港宝莲寺捐资重建。

文殊台位于观音台与清凉台之间，高度低于观音台和灵应台，2000年重修，现代水泥石料结构，琉璃瓦，金碧辉煌，殿内供奉文殊菩萨塑像，东西墙壁敷设四季满仓、五谷丰登、猪生龙脉、地涌七珍、牛生白犊、六牙象现、满室生辉、庭生白莲、鸡生凤子、马产禅麟、天降甘露铜箔浮雕。

清凉台原为普贤台，现行建筑有李世民石质塑像、龙雕和凉亭等。

灵应台在文殊台东，海拔1500米，略低于观音台，但建筑高于观音台，为二层楼式现代水泥钢筋结构式庙宇。底层为罗汉堂，供奉弥勒佛和众多罗汉，二层是灵应殿，是三教合一之庙宇，供奉玉皇大帝、孔子和众多道教神仙。日落时是观赏五台云海绝佳之地，美景绝伦无比，白云时隐时现，青山半露，璧宇云定，海市蜃楼，蓬莱仙境。

舍身台又名现身台，据常明老和尚说：舍身台在灵应台上。此处怪石奇峰，峭壁万仞，名僧云集。灵应台曾有一法师终日跏趺而坐，念佛苦修。忽一日，左手持如意宝珠，右手持禅杖，出了灵应台寺，向舍身崖飞奔而去。徒弟恐山路陡险，紧随师父追赶，但见师父至舍身崖，纵身跳入深渊，众徒惊呼，赶至舍身崖，俯视深渊，却不见其师父肉体，忽一徒弟喜道："师父在对面台顶。"从此舍身跳崖之处称现身之台。

送灯台位于灵应台西北，高1400米，孤峰耸立，处于待修状态。据说，送灯台有夕照送燈奇观，夕阳西下时，秀峰映衬于玫瑰色天幕之上，呈现出夕照送灯奇观。传说观音菩萨降伏火龙穴毒龙后，要回天宫，诸佛挑灯照径送行，巧遇八仙以神奇法力在送灯台上空造出许多红光球神灯，为观音照路。

火龙洞位于二天门内上方，据传此洞是火龙穴盘之处。火龙能屈、能伸、能飞、能伏，养鳞爪于阴崖，奋腾拿于幽谷，火龙吐火发焰冲天，石室泪镕，草木皆枯，烈

清凉、文殊、观音台、西林寺与四面佛

陕西庙会

佛教寺院

观音台下大茅棚

火嚣张，飞禽绝迹。继而火龙幻为羽客，以丹术惑人，借以食之。后被观音降伏，普渡众生。

显圣台又称赤圣台。据传，留村有一樵夫在显圣台处砍柴，觉得累时，想抽袋烟，却没带火镰，自语道：那个神仙佛祖有灵，送火让我吃烟，我定给他修庙，让子孙后代供奉。语音刚落，远处有"哗哗剥剥"响声，只见不远处草丛冒烟着火，他双膝跪下，合十作揖感谢。回后不久，他在砍柴处修庙塑像，并嘱咐儿孙朝拜，奉送香火，后世称为显圣台。

兜率台在观音台西北方向，又称西峰，是一独立的山峰，名源于藏密真宗初祖宗喀巴所创立的黄教兜率宗。

紫竹林位于灵应台下西北，因有犀牛石清初称大石头寺，始建于明万历二十六年，清光绪二十三年重修，复名紫竹林，是南五台规模最大的佛寺，分上下两院。上院由灵光殿和塔院组成。下院正中为圆通宝殿，供奉毗卢观音大士圣像，尚有佛光轩、犀牛石、紫薇阁、白龙洞和钟楼，是观音菩萨出家成道的先天根本道场，观音文化的发祥地。毗卢观音大士原为道士，名慈航道人，经燃灯佛指点，拜阿弥陀佛为师，由道教转入佛教，在紫竹林修行，后被佛教尊为观世音菩萨，周代曾受过周天子敕封。紫竹林是曾由国家认定的观音道场，比普陀山造像早300余年。每年五月二十五日过会。朝拜进香者众多。

陕西庙会

　　黑虎殿在紫竹林之上部，始建于隋仁寿年间，盛于唐宋，殿盖铁瓦，明末清初尚存大殿、东西两廊和独松阁。1951年被毁，1988年重修，2002年恢复成现状。黑虎殿源于观音大士降伏火龙之传说。据传观音驱赶火龙于山中，得到黑虎和五马相助，观音显灵于五彩祥云中，敕封黑虎为护法神，民众敬仰黑虎，为之建庙。庙内千年古松立于殿内，形如虎跃，神如龙腾，犹如立地巨人。

　　南五台众多的庙宇各有其特色，传说故事甚丰，个个都有深刻的寓意。每年农历六月，朝山拜佛者络绎不绝。

灵应台门楼俯

南五台圆光寺

清凉台（原普贤台）

犀牛石观音菩萨

文殊菩萨

显圣台

陕西庙会

西安云居寺

云居寺，原名安庆寺，位于西安市玉祥门内洒金桥路西162号，曾因上空常见祥云环绕久聚不散如菩萨显圣而称云居寺。《西安府志》载："其台基于唐，创于宋，屡葺于明。"相传唐太宗李世民之母笃信佛教，每年数次前往终南山南五台朝山拜佛，旅途劳累。唐太宗为母尽孝，便仿照南五台在宫城广运门以西太极宫城南墙上沿起伏地势修建了五座佛殿，供其母瞻仰朝拜。因共有五个高台，又与终南山南五台遥相呼应，故称西五台。《关中图志》载：云居寺"由三天门拾级而上，层台绀阁，环列左右，最高处为大士殿，登殿四望，可收一郡之胜。"因历史久远，云居寺曾数次被战火损毁，但屡毁屡修。1920年能修比丘尼由广东移居云居寺，并住持云居寺的佛事活动。因多年无人管理，寺院散落破烂不堪。改革开放以来，已被市政府公布为一级重点文物保护单位，在市区有关部门的领导支持和吉祥法事带领下，经多方集资，1998年开始重建工作，已使云居寺面貌修建得焕然一新，并将按规划使其更辉煌。

云居寺的现有建筑有山门、天王殿、灵应台、大雄宝殿、文殊台、地藏台、观音台、卧佛台、藏经阁、放生池、寮房和后花园等。寺院坐西向东，长约500米，宽约

灵应台

陕西庙会

卧佛台

中台（文殊台）

大雄宝殿

鼓乐社进地藏台进香演奏

跪拜地藏王菩萨

观音菩萨壁画

100米，受城建影响，被分割成三段：第一段内有山门、天王殿、一台灵应台、大雄宝殿和二台五大菩萨殿；中段内有观音大士殿、三台地藏菩萨殿和四台米勒殿；西段内有卧佛殿、五台十二臂观音殿。由山门向西，每台拾级而上，各台两侧均有寮房居住尼僧。大雄宝殿前有较大空间利于佛事活动，院中有精美的玉石雕塑释迦牟尼像。地藏殿两侧有通道，过通道有放生池，中间设有青石砌筑小拱桥，院中置露天地藏王铜像。

云居寺的会期是每年农历六月十九日；七月十五日和十二月八日；每月初一和十五日。

长安香积寺

香积寺是佛教净土宗的祖庭,位于西安市长安区郭杜镇香积寺村西部,是佛教重点寺院之一,2001年被国务院公布为国家级文物保护单位。在西安市乘坐游九路公交车可直达。

香积寺始创于唐高宗李治永隆二年(681),净土宗创始人之一善导大师圆寂,其弟子怀恽"想遗烈而崩心,顾余恩而雨面,爱恩宅兆,式建坟茔,遂于凤城南神禾塬建寺和崇灵塔也",成为净土宗的第一个道场。寺院位于向唐长安城供水的龙首堰和香积堰旁,南向终南山,东北靠神禾塬,幽而不僻,静而不寂。香积寺名源于鸠摩罗什所译的《维摩经》中的"天竺有众香之国,佛名香积"。善导(613—681)是山东临淄人,著有多部经书,唐高宗曾"令赍舍利计千余粒,加以七珍函筒,随此胜缘,百宝幡花,令兴供养",取名香积寺,意将善导比作佛。武则天和唐中宗李显也先后来寺礼佛朝拜。皇帝老师万回和平等二高僧灵骨塔也建在香积寺。唐朝建立的香积寺占地500亩,12个院落,供奉着皇帝赐给的法器和舍利子等,朝拜者络绎不绝,香火极盛。

追思回向法会

陕西庙会

香积寺山门

净土宗倡导"弥陀净土法门",依据《无量寿经》《阿弥陀经》和《往生经》,专念"阿弥陀佛"名号,"积累善行善事",以期"往生"西方"净土(极乐世界)",故名净土宗。净土源自《维摩经》中的"心净则佛土清净"。此外,方丈、天女散花、不法二门和十事八法等佛教用语也源于此经。

公元九世纪间,日本天台宗圆仁(742—756)曾来华学《念佛》并回国传播,后日僧法然(1133—1212)依善导《观无量寿经疏》确立净土教义,开创日本净土宗。

唐玄宗天宝年间(742—756)安史之乱时,香积寺一带是唐军与安史叛军决战的主战场,公元783年长安又发生了朱泚叛乱,唐军为断绝叛军水源,破坏了龙首堰和香积堰,河水流入香积寺,致使塔裂。后来唐武宗时期又发生灭佛运动,致使香积寺像毁院荒。宋太平兴国三年(978)改为开利寺,宋神宗年间恢复原名,北宋中净土宗曾最为流行,香火渐盛,但南宋时期因政治经济南移,香积寺又渐衰至明清。清末民国初寺内有僧人多至5人,土地80亩。新中国成立后仅剩大殿3间,金刚殿3间,钟楼1间,僧房4间,舍利塔11层,顶裂,砖塔和小塔共10座,经幢一尊,占地仅3亩。土改后僧人8名,分得土地28亩,劳动自养。文革中僧人还俗到村参加生产。1968年有12人返回寺内居住,塔身遭雷击分裂。1979年以后,政府为振兴香积寺,在续洞、常慧和本昌法师努力下,先后修建和修复了大殿、天王殿、碑廊、法堂、钟鼓楼、舍利塔、僧房、斋堂、围墙、牌坊和贵宾接待室等,并对诸佛彩绘金身,完成了香积寺的中兴。2009年9月16日陕西佛教协会举办了续洞老和尚圆寂十周年追思回向法会,决心继承祖

善导大师崇灵塔

追思居士与和尚

追思法会时天王殿

追思诵经

塔前追思

续洞和尚塑像

师的功德，为保持社会和谐作出新贡献。

　　1978年和1979年日本佛教协会两次组团来华拜谒香积寺，并在1980年举办了善导圆寂1300周年国际纪念大法会。1982年十一月十五日举行了奉安善导法然二祖对面像及开光法会。1986年日本净土宗访华参拜了净土宗祖庭。这些活动使中日两国佛教协会之间增进了友谊，为中日净土宗文化的交流谱写了崭新华章。

　　香积寺的会期是：每月初一和十五日；每年三月十九日；四月初八日和七月十五日。期间朝拜进香的人络绎不绝。附近乡村的锣鼓、秧歌、舞龙、舞狮、杂技、马戏和武术表演等文化活动都会在庙会期间演出，何家营的古乐社也在寺内演奏。

蓝田悟真寺

悟真寺,又名竹林寺,水陆庵是其下寺,位于西安市蓝田县东南十公里处的莲花山腰,是隋文帝开皇九年(600)高僧净业劈石开山所建。唐代高宗曾鼎力加持,派尉迟敬德领衔扩建,殿宇遍山,绵延数里,僧人逾千,净土宗二祖善导曾在此驻锡八年,著写佛经,并首开道场,弘扬佛法,成就了净土宗的教论基础,慕名而来的国内外弟子成千成万,声震山谷,被誉为净土宗祖庭之一。悟真寺曾几度盛衰,唐代会昌灭佛时,悟真寺始遭浩劫,宋明以来屡毁屡建,民国年间殿宇和佛像已大部毁坏,仅存破烂殿宇数间。20世纪80年代以来,市县政府支持,悟真寺修建被列入政府旅游投资计划之中,经性云法师倡导,管委会张善玉与周围各村众居士捐资,20年间修复和新建殿宇20间,塑像33尊,悟真寺已成为旅游拜佛的胜地。现有的殿宇和景观有牌坊、幡杆塔、蓝关栈道、悟诗亭、多宝塔、棋盘石、舍利塔、圣水泉、天王殿、大雄宝殿、菩萨殿、五方佛殿、蛤蟆仙石、送子台石和石幽门等。庙会日为正月二十三至二十五日;六月十九日。

悟诗亭

陕西庙会

佛教寺院

水陆庵庙会（悟真寺下寺）

悟真寺西山门

悟真寺外观

圣水泉

大雄宝殿

蓝关栈道

石幽门（东门）

韩城普照寺

韩城普照寺位于韩城市昝村镇吴村南端，始建于元延祐三年（1316），泰定三年（1326）塑像。后由于历史变迁和风雨摧蚀，受到不同程度的损坏。1992年成立普照寺文管所，拟定了保护、扩建和利用方案，陆续迁建了韩城境内部分元代庙宇，使其成为渭北地区唯一保存完好的佛教文化遗址和元代建筑艺术荟萃之地，被誉为"韩城的布达拉宫"。

现有建筑有山门、高神殿、二台、二门、礼仪圆明门楼、牌楼、大雄宝殿、护法殿、伽蓝殿、关公庙、土地庙等。

山门内东部是拆迁来的元代庙宇，内部布置有元代建筑图展和佛祖生平图画展。

大雄宝殿是普照寺的正殿和中心，是单檐歇山顶建筑，面阔五间，深六椽，前檐中间开门，两边开有窗户，安装直棂格子窗，恰似蒙古包型。佛龛为砖基木构型，佛龛内供奉五尊彩色泥塑像。中间为释迦牟尼，两边站立弟子阿难和迦叶。东西两侧为文殊菩萨和普贤菩萨塑像。大雄宝殿的东端是伽蓝殿和土地庙，西端是护法殿和关公庙。

普照寺的会期为每年农历四月八日。

普照寺山门

陕西庙会

佛教寺院

二门

前院

高神殿

土地庙

普贤菩萨

大雄宝殿

释迦穆尼坐像与弟子阿难、迦叶

陕西庙会

陕西庙会

凤翔净慧寺

净慧寺也叫灵山老母亭,位于凤翔县城西约15公里处之灵(鹫)山顶部。灵鹫山简称灵山,古名九顶莲花山,因秦穆公狩猎时在此遇见灵鹫鸟而得名。净慧寺始建于唐德宗二年(682),是宝鸡地区的重要宗教旅游胜地,唐宪宗曾迎佛骨于净慧寺,留接引仪仗于凤翔城,为后世驱邪造福之举。宋元时期历遭兵燹,数度损毁。明御史周京曾赏景赋诗,清代刑部尚书王渔洋曾参禅释道,同治年间曾重修绘壁画、彩塑琉璃走兽和诸佛尊像。当时的净慧寺内睡佛雄伟,山前有看柏,山后有舍身崖,左有晾经台,右有枣园果林,南有牛犊泉和古铸大铁锅,每逢农历四月初一,周围数百里众生接踵而至祈福拜佛,也是春游和物资交流之胜地。二十世纪八十年代后,政通人和,宗教复苏,释宏智法师住持弘寺,远近居士四方募捐集资,经多年修建,已建成由山门、天王殿、三佛殿、睡佛殿、老母亭和观音阁、铁佛殿、大雄宝殿以及僧协房等建筑组成的全新的净慧寺,通往凤翔县城的道路也已通畅,人行上山大道正在修建之中。净慧寺的主会期是四月初一(由三月十五日起始到四月初一日);此外尚有正月初六;正月十九;十月十八。

凤翔老母会

佛教寺院

陕西庙会

佛教寺院

陕西庙会

凤翔净慧寺

凤翔净慧寺天王殿

凤翔净慧寺灵山老母亭

凤翔净慧寺卧佛殿

凤翔净慧寺大雄宝殿

卧佛及其十弟子

凤翔净慧寺老母亭老母塑像

陕西庙会

乾县铁佛寺

　　铁佛寺位于乾县阳峪镇铁佛寺村，东临昭陵，西望乾陵。汉朝时始建于清凉山，僧众千余，曾称清凉寺。明代曾铸铁佛一尊，后毁于大火，仅存铁佛，众僧将铁佛移于清凉山东麓，并建寺供养，因铁佛像而更名铁佛寺。现寺内仍存有巨大的柱底石。民国年间拆寺兴学，大部分殿宇被毁，新中国成立后仅存一大殿、三尊佛像和30轴水陆布缯。

　　1958年原五台山广济茅棚正文老法师驻锡本寺，当时只有两间民建陋房可容身。十一届三中全会后，落实宗教政策，当地信众礼聘正文和尚住持中兴寺院，老法师不顾年迈体弱，发心重建。1985年正文长老在当地领导支持下，经各界人士多方协商规划，确定在原址上北延东扩，集资240余万元，历经12年，先后建成山门、大雄宝殿、铁佛殿、韦驮殿、伽蓝殿、藏经楼、法堂、钟鼓楼、僧寮和斋堂等万余平方米庙宇建筑，占地20亩，古朴，雄伟壮观。现藏《大正藏》《中华大藏经》各一部，其他佛书4万余册。晨钟暮鼓，经声佛号，声闻遐迩，授戒皈依者无数。

　　正文长老兼任山西太原市佛教协会会长、白云寺方丈，于2000年正月十四日圆寂，终年89岁，戒腊六十六夏，一生爱国爱教，深受四众崇敬。现任监院释寿阳法师任

铁佛寺山门

陕 西 庙 会

佛教寺院

铁佛寺铁佛殿

拜佛上香信众

取回项圈给孙女戴

缝好项圈供佛

法堂内释迦牟尼睡佛

铁佛寺铁佛

住持，1990年出家，师从政法师。

　　铁佛寺僧众每日除念佛护香外，每年七月十五举行大法会，举行皈依、授戒、超度、佛七等活动。每年九月二十日是铁佛寺村古会日，村民纷纷进庙上香拜佛。这里人们有在铁佛殿为儿孙缝制长寿项圈和在法堂卧佛殿摸卧佛以及钻佛洞消灾的习俗。缝制红项圈，从7岁开始，每年在铁佛殿为长寿项圈加缝一圈，献给铁佛一个时辰，然后取回带在儿孙脖子上，直到12岁开锁。

扶风大明寺

　　大明寺位于扶风县城南约5公里的段家镇大同村的西寺岭上。据传秦穆公曾在此地获得石佛像而勒建西寺（与东寺泰陵相对应）供养，故此地名西寺岭。今日西寺岭上尚有周代烽火台遗址。隋大业初年，隋炀帝为纪念其父兴教治国的功德及带土堆陵的福祉，在西寺原基勒建"福荫寺"，占地五顷，殿宇雄伟壮观，香火旺盛。后随唐、宋、元、明、清……历史变迁而兴废，清末恭贤法师住持福荫寺时，寺院规模仍很壮观。新中国成立后，寺中仍有僧侣数十人，自耕自养。1980年后国家落实宗教政策，彻清尼师在各级政府及四众弟子的支持下，倡导在原福荫寺旧址重建新寺，经多年筹备，于1987年兴建圆觉宝殿，至1989年落成，开光时将福荫寺改名为大明寺。此后自1989年寺院任命彻性法师为监院，全面负责寺院建设，经过10余年艰辛努力，已建成建筑面积逾万平方米的佛教大寺院。现在常住僧众40余名，土地颇多，自食其力。主要的建筑有：圆觉宝殿、天王殿、祖师殿、伽蓝殿、钟鼓楼、念佛堂、净行堂、客堂、斋宅楼、逸宾楼、圣母殿、净天法师海会塔、寮房和水塔等，造像五十余尊，主要有释迦牟尼塑像和睡佛等。

　　大明寺僧众和居士每日念佛，看护香火。每逢初一、十五和每年清明、四月初十、七月十五、十月初一，举行讲经、说法、佛七、礼仪、皈依、授戒、诵经、超度和施食回向等法会。

大明寺圆觉宝殿

陕西庙会

佛教寺院

大明寺山门

大明寺超度亡灵

方丈拜佛开示

方丈与居士同斋

男居士念佛

陕 西 庙 会

咸阳圆明寺

　　圆明寺位于咸阳市渭城区塔尔坡村和张家堡村的交界处，始建于南宋时期，历经历史变迁及风雨摧残，1968年前寺院仅存大金正大二年石碑及数个无门无窗的窑洞，其余地盘被咸阳民族学院和塔尔坡村民占用。1968~1997年间性空大师逐步接纳出家僧人11名住寺，边开展佛事活动，边化缘筹资，对约五百名弟子皈依与受戒。1998至2000年间重建了寺院，现有建筑包括山门、钟鼓楼、大雄宝殿、三圣殿、万佛殿、地藏殿、法堂、云水堂、客堂和五观堂等。新建成的圆明寺雄伟美丽。三圣殿内有金身阿弥陀佛、观世音和大势至塑像，内墙有美丽动人的佛陀浮雕画像。万佛殿内的金身释迦摩尼巨像及四面小浮雕佛像规模巨大撼人。可说是咸阳市区规模较大的寺院之一。该寺活动会期遵照佛教制度，九月十九日是观世音菩萨圣诞纪念日，除举行纪念法会外，还对近30名弟子举行了皈依仪式，并对27名居士进行了五戒受戒仪式。

祝圣仪式

  陕西庙会

佛教寺院

圆明寺

三圣与万佛宝殿

九月十九日观世音菩萨祝圣法会

皈依与受戒住持人释性空大师

皈依与受戒仪式

地藏殿

万佛殿

耀县香山寺

香山寺位于铜川市耀州区柳林镇瑶玉村苍龙岭北部的东西中三个相连的奇峰上。西峰有观音庙，东峰有龙泉寺，中峰半腰有奇峰洞，洞前建有观音肉身宝殿，佛殿曾悬有同治元年（1862）慈禧"蒙佑瘳疾"后"以答菩萨宏恩"亲笔题赐的"宣慈照佑"匾额。殿东有九龙柏和龙寿体书法石刻。

香山寺始建于苻秦时代（351—394），盛于姚秦时代，龟兹高僧鸠摩罗什曾在此译经。宋、明万历、清康熙、乾隆年间曾修葺过奇峰洞，敕建胜泉院，嘉庆二十三年（1818）重修禅院，始名香山寺，咸丰年间曾在奇峰洞前修建铁瓦殿三间，光绪年间修建各类楼殿亭阁90余间，并定每年三月十五日和十月十五日庙会两次，香火日渐隆盛，朝山香客遍及四方，游人络绎不绝。

传说，香山寺是妙善王之三女妙善公主修行之地，因妙庄王染疾求医处方需亲人手眼，公主舍手眼为庄王疗愈疾病，故敕封公主为"千手千眼活菩萨"，即今香山寺所供菩萨，"香山还愿"一剧即演绎此故事。

神柏与中东峰景观

陕 西 庙 会

香山寺曾经历史风雨和战火兵燹,原有楼阁殿宇,除菩萨殿处于风雨飘摇之中外,均荒毁殆尽。为落实党的宗教政策,重建香山寺,以利香山庙会活动,在省市区镇各级政府关怀支持下,经多方努力筹划,并由香港青莲寺捐资襄助,于1998年仲秋动工兴建,迄1990年孟秋庄严落成。现在的香山寺轩昂宏丽,周围景观秀美,峰峦叠嶂,万柏耸翠,境域清幽,是铜川市乃至全省特有的佛教圣地与旅游观光胜境。

东峰龙泉寺景观

西峰西南视

千手、大势至与文殊菩萨塑像及奇峰洞

妙庄王殿

观音肉身宝殿

妙善事迹图

陕西庙会

彬县大佛寺

彬县古称豳地，是我国远古周族生息繁衍之地，至今尚有姜嫄圣母墓、公刘墓和周墓蟠龙等古迹。彬县大佛寺位于彬县城10公里处的西兰公路旁，距西安130公里，乘去长武汽车可直到寺门前。每年三月初八为庙会日，唱大戏、拜佛、祈福、祛病、求姻缘的群众潮水般涌动。每月初一和十五群众上香者居多。

彬县地势起伏，沟深梁高，泾河由西北向东南穿过全县，县城西约九公里处有一块高约百米、面积约一平方公里的石山，称清凉山。南北朝时期，山民为避战乱在山崖上凿石开洞。唐贞观二年（628）唐太宗李世民为他指挥下的浅水源和五陇阪大战中阵亡将士超度亡魂而派大将尉迟敬德监修开凿而成佛寺，原名应福寺。唐朝开凿应福寺直到唐文宗时期用时200余年。北宋仁宗皇帝为养母刘太后举国庆寿时，改名为庆寿寺。元以后曾大事装修，现存建筑为明代嘉靖年间重修，经清代修建而成，明代以来俗称大佛寺，以寺内阿弥陀佛造像高大精美而得名。解放后陕西省文物局和交通厅多次维修成现状。

大佛寺座南面北，被泾河环抱。大佛寺的中心是大佛窟，凿为半圆形，直径约34

一层觉路和二层明镜台

佛教寺院

米,高31米,阿弥陀佛倚崖居中,高20米,肩宽13米,手高4.5米,指长2米,宝石蓝髻护顶,秀眉慈目,跌坐在六角莲花座上,披衣袒胸,面部半圆,鼻端口正,两耳下垂,弯眉细眼,稍向下凝视,胸脯微凸,端庄慈祥,笑迎每位游客。这个大佛的建造年代早于乐山大佛、龙门卢舍那大佛和敦煌千佛洞大佛。大佛的左右是高约15.6米的观世音和大势至菩萨,头戴宝冠,身着华丽缨珞,呈现出一派西方极乐世界的欢乐景象,被誉为陕西和丝绸之路第一大佛。

大佛窟的东西两侧开凿了石窟130多个,446处佛龛,造像1980余尊,尚有唐、宋、金、元和明等代上百方石窟题刻。其中最有名的当数东侧的千佛洞以及3个并列的石窟,有2个石窟前是带铁索的悬崖,须抓铁索攀登上去才能见到诸佛。西侧尚有罗汉洞窟群及许多佛龛与摩崖造像,最西侧还有题写"应福寺"的由3个佛像组成的丈八佛窟。传说丈八佛源于甘肃径川县,他拜见彬县大佛后,觉得自己矮了多半截,便自愿做大佛的侍从,以后留在"应福寺"坐禅。

大佛窟前壁门洞上部有两层明窗,窟外建有砖木结构的五层护楼,可登临眺望。第一层门楣上刻"觉路"二字,第二层正中门洞上刻"明镜台"三字,三个门洞与大佛洞相通,大佛洞内光线明朗,便于游客瞻仰洞内所有佛像。

彬县大佛寺南视

彬县大佛

弥陀佛石窟

菩萨与童子石窟

西安广仁寺

西安广仁寺是陕西唯一的喇嘛庙，位于西安城墙西北角西北一路和习武园交汇处，距玉祥门内300米，是康熙皇帝1703年巡视西陲时所勅建，御旨为巩固西北各民族团结稳定。建成的广仁寺有三道门、钟鼓楼、大殿、二殿、伽蓝殿、东西配殿、藏经殿、龙门、龙院和行宫等，是一座完整的有400余间建筑的龙形密宗黄教喇嘛寺院建筑群，占地百余亩，西安北郊、南郊和东关尚有分院，常住喇嘛百余人，曾有410余亩水旱地供养。康熙、乾隆、慈禧、护国法师章嘉活佛、九世班禅、康有为、梁启超和程潜等人曾题写过56面题匾。多世班禅曾在此住过并设有坐床。

同治初年华门之变、1926年镇嵩军围西安城之灾，特别是辛未年秋八月午夜弹药库爆炸使广仁寺毁烬。1946年前后寺内尚存喇嘛50余人，1949年解放后广仁寺及其分院合而为一。

1979年以来落实中央民族宗教政策，1983年经赵朴初会长查看指导，1987年确定了庙地56亩，1991年开始修复，现已建成由山门、八功德塔、康熙御制广仁寺碑、龙眼泉、千手观音殿、万年灯亭、绿度母殿、千佛殿、东西配殿、经堂、斋堂和寮房等组成的新广仁寺。山门内有砖制照壁，院内耸立着康熙御制碑亭，亭北有两孔龙眼泉。头殿是千

康熙御笔石碑及其亭

头殿内的金身千手佛

手观音殿，千手观音安坐在金刚台莲花宝座上。她用俄罗斯名贵椴木雕刻，高6.6米，重达2吨，全身贴金，慈眉善目，胸前双手合十，由美籍华人齐茂椿出资，浙江民间艺人陈伟阳等人历时半年精雕而成。二殿是绿度母殿，院内有铁铸万年灯亭，亭内安放一次可添加108斤油的万年灯，人们不时地为其添油。绿度母殿内有绿度母和普贤、文殊菩萨，绿度母是藏人的财神爷。绿度母殿两边是东西配殿，西配殿内安放着四臂观音、弥勒佛和伽蓝观音，殿门上的题匾"庄严佛土"是康有为所作。东配殿内有大威德金刚、吉祥天母、大黑天（玛哈嘎啦）、阎罗法王和姊妹护法的金像。三殿是千佛殿，院内有乾隆御赐的汉白玉莲花缸、翠兰柏和百年丁香等珍宝和奇树。千佛殿内主供藏传佛教模样的释迦牟尼塑像及千位佛龛。四殿是经堂，院内有钗孔柏，殿内除藏有经书外，并安放有佛祖12岁等身塑像、文成公主塑像和金曼扎、唐佛祖12岁等身像莲座等。佛祖12岁等身像用价值百万元的紫檀木制作，高1.45米，重100公斤，开光后在此供奉。斋堂和寮房在经堂后院。

2006年秋，金刚上师仁钦扎木苏主持带领60余人，沿唐蕃古道，经22天，从大昭寺将释迦牟尼12岁等身佛像的原大复制佛像和文成公主塑像一同带回西安，供奉在经堂。1365年前由文成公主带去印度王赠送给唐朝的释迦牟尼12岁等身佛像，至今供奉在大昭寺内。

广仁寺的每年庙会期为农历三月二十六～二十八和十月二十三～二十五。

陕西庙会

佛教寺院

西安城墙西北角的广仁寺

喇嘛在绿度母殿念经

给万年灯添油

文成公主塑像

大黑天（玛哈嘎啦）

佛祖12岁等身像

康熙御笔广仁寺

陕西庙会

陕 西 庙 会
SHAANXI TEMPLE FAIR

陕西庙会

陕西部分庙会名称、地点与时间选集

庙会起源于祭祀、宗教活动和人们对集市贸易、旅游和文化娱乐等的生活需求。陕西省是诸多庙会的发源地之一，包括道教、佛教、清真寺等教会的宗教活动，以及对炎黄二帝及周代始祖与众多神仙与历史先贤的祭祀，是人们祈福、求子、祈雨禳灾、文化娱乐、旅游和物资交流等中国底层老百姓的活动场所。陕西省的庙会古老而繁多，庙会中的民俗事项极其丰富，可称民俗宝库。

庙会时间均以农历计算，佛教、道教和回民清真寺古会日均有固定时日，本汇集佛教以西安市大慈恩寺会期、道教以西安市都城皇庙会期、清真寺以西安市大学习巷清真寺会期为准，其余为特定日期。

1	大慈恩寺。西安市大雁塔周围。会期为：弥勒菩萨诞辰正月初一日；正月十六日古会；释迦牟尼出家二月初八日；释迦牟尼涅槃二月十五日；观音菩萨诞辰二月十九日；普贤菩萨诞辰二月二十一日；文殊菩萨诞辰四月初四日；释迦牟尼诞辰四月初八日；韦驮菩萨诞辰六月初三日；观音菩萨成道六月十九日；大势至菩萨诞辰七月十三日；地藏王菩萨诞辰七月三十日；观音菩萨出家九月十九日；药师佛诞辰九月三十日；阿弥陀佛诞辰十一月十七日；释迦牟尼成道十二月初八日。此外，每月初一、十五和三十日为斋期。
2	西安市雁塔区小寨街办大兴善寺庙会。三月十六日；七月十五日；九月十九日；每月初一和十五。
3	西安市雁塔区曲江新区春临村青华宫道观。二月十五日；清明节；四月十四日；五月十三日；十一月十一日。
4	西安市雁塔区三兆村无量庙会。三月初三日。
5	西安市雁塔区曲江寒窑柳林寺。正月十五日。
6	西安市雁塔区寒窑娘娘洞。三月二十日。
7	西安市西大街都城隍庙会。每月初一和十五日祈祥道场；玉皇诞辰正月初九日；药王诞辰二月初二日；太上道祖（老子）诞辰二月十五日；东岳大帝诞辰三月二十八日；鼓乐演奏四月初八日；吕祖诞辰四月十四日；财神诞辰九月二十二日；清明节和中元节（七月十五日）度广道场；寒食节十月初一日。
8	西安市大学习巷44号清真寺。一月二十九日阿舒拉日；三月二十一日圣记；八月初十日登宵夜；八月二十八日拜拉特夜；九月十三日入斋；十月八日海德尔夜；十月十三

	日开斋节；十二月二十日古尔邦节。
9	西安市化觉巷30号清真大寺。伊历三月十二日穆罕默德诞辰日；七月二十七日穆圣登宵夜；九月初一日到三十日斋戒月；十月初一日开斋节；十二月初十日宰牲节（古尔邦节）；每周五聚礼日。
10	西安市大皮院108号大皮院清真寺。会期同上。
11	西安市鼓楼西北化觉巷清真寺。会期同上。
12	西安市小皮院清真寺和红埠街104号清真新寺。会期同上。
13	西安市西大街洒金桥2号清真西寺。会期同上。
14	西安市西大街洒金桥44号清真古寺。会期同上。
15	西安市西大街洒金桥香米园7号旅陕清真寺。会期同上。
16	西安市碑林区柏树林街东开通巷卧龙寺佛教庙会。四月初八日；每月初一和十五日。
17	西安市南门内湘子庙街湘子庙道教庙会。十一月初九日。
18	西安市长乐门内北侧东岳庙。在修建中。
19	西安市西门内洒金桥香米园刘北池云居寺（西五台）佛教尼寺。六月十五至十九日。
20	西安市城内西北角西北一路152号广仁寺喇嘛庙会。正月初八日；三月二十六到二十八日；十月二十五日；腊月二十八到二十九日。
21	西安市西影路铁炉庙村北一号青龙寺佛教密宗灌顶道场。二月十九日；四月初八日；九月十九日。
22	西安市东门外伍道什字东街八仙宫道观。正月初九日玉皇诞辰；四月十四日到十六日吕祖诞辰；九月初九日九皇会；九月二十二日财神诞辰；清明节度亡道场；七月十五日中元节；十月初一日寒衣节；；每月初一和十五日祈祥道场。
23	西安市东门外东关炮坊街49号罔极寺佛教尼庵。每月初一日和十五日；二月十九日；四月初八日；七月十五日；七月二十七到二十九日；九月十九日；十二月八日；十二月三十日。
24	西安市长安区郭杜街办香积寺村香积寺庙会。三月十九日；四月初八日；七月十五日会大；初一和十五日人多。
25	长安区西街上塔坡村北清凉寺。二月初二日；二月初八日；二月十五日；二月十九日；四月初八日；六月十九日；七月十五日；十二月八日；初一和十五日。
26	长安区杜曲东王莽乡北兴教寺（玄奘墓地）。初一和十五日；二月十九日；四月初八日；六月十九日；七月十五日。
27	长安区王曲镇总城隍庙会。二月初八日。
28	长安区五台乡南五台庙会。五月二十五日到六月十九日。
29	长安区五台乡南五台紫竹林庙会。五月二十五到三十日。

30	长安区滦镇沣峪口内净业寺。每月初一日和十五日；四月初八日。	
31	长安区滦镇沣峪口丰德寺。每月初一和十五日；六月十九日。	
32	长安区滦镇留八堡村社火。正月十五日；二月初二日。	
33	长安区韦曲东局连村北少陵原半坡杜顺塔周围华严寺庙会。二月初八日；二月十五日；二月十九日；二月二十一日；四月初四日；四月初八日；六月十九日；七月十三日；七月三十日；九月十九日；十一月十七日；十二月八日。	
34	长安区王庄乡南天子峪内至相寺（又名国清寺）庙会。按佛教会期。	
35	长安区祥峪乡祥峪庙会。六月十九日。	
36	长安区东大乡灵感寺。按佛教日期。	
37	长安区韦曲何家营古乐演奏。正月初七到十五日；各道教庙会日。	
38	长安区韦曲申店社火。正月十四日。	
39	长安区高桥乡曹坊古会。三月初五日；腊月初八日。	
40	长安区沣河桥头龙王庙放河灯。正月十三到十六日夜间。	
41	长安区子午镇小五台庙会。六月十七到十九日。	
42	长安区子午镇南杜角村社谷爷古会。三月初三日；七月初七日。	
43	长安区子午镇南子午峪内金仙观。二月二十五日；七月二十五到二十七日。每月初一和十五日。	
44	长安区内苑乡白石峪洗心茅蓬庙会。四月初八日。	
45	长安区子午镇抱龙峪石门子庙会。正月初八日；三月初八日；六月初八日；十月初八日。	
46	长安区引镇太平村东南白道峪三官庙会。六月初十日。	
47	长安区引镇王家村钟鼓台庙会。六月二十九日。	
48	长安区梁家桥古会。二月初二日。	
49	长安区樊村乡岳村石佛寺娘娘庙会。正月二十日。	
50	长安区樊村乡小江村禅经寺庙会。正月二十日。	
51	长安区樊村乡彰仪村道安寺庙会。正月十五到十六日；二月初八日；四月初八日。	
52	长安区杜曲镇寺坡村关帝庙会。正月十二到十三日。	
53	长安区杜曲镇西江坡药王庙会。二月初二日。	
54	长安区王莽乡孟家村南二郎山天池寺庙会。七月十四到十六日。	
55	长安区大峪莲花寺庙会。三月初一日。	
56	长安区引镇庙会。四月初八日。	
57	长安区韦兆乡古戏楼古会。三月二十日。	
58	长安区太乙宫镇翠华山庙会。六月初一到初三日。	

59	长安区引镇侯官寨牛老爷社火。正月十二到十五日。
60	长安区杨庄乡太兴山庙会。七月初一日。
61	长安区大峪乡白道峪庙会。六月初八到初十日。
62	长安区大峪乡龙渠村社火。正月十二到十五日。
63	长安区鸣犊乡瘟神庙会。三月初八到初九日。
64	长安区鸣犊镇嘴头村东岳庙道观。朔望日祈福道场；正月初九日玉皇诞辰；二月初二日药王诞辰；二月十五日太上道祖诞辰；三月二十八日东岳大帝诞辰；四月十四日吕祖诞辰；六月二十三日青峰山金花洞圣母会；九月二十二日财神诞辰；清明节度亡道场；十月初一日寒食节
65	长安区马兴乡师村娘娘庙会。正月初八日。
66	长安区马兴乡师村玉皇庙会。正月初九日；正月十九日。
67	长安区马兴乡马连滩村北斗庙。正月二十七日。
68	长安区马兴乡马连滩村老君庙。二月十五日；三月二十日。
69	长安区马兴乡马角沟村新洞庙。正月初九日。
70	长安区炮里乡古会。三月二十八日。
71	长安区灵沼乡邱家庄东秦镇西北约1.5公里处平等寺古会。正月二十日。
72	长安区灵沼乡冯村芯子社火。春节期间。
73	长安区斗门镇常家庄织女庙会。正月十七日；七月初一到初七日。
74	长安区斗门镇镐京村道观。七月十五日；七月十九日；十月初七到初八日。
75	西安市灞桥区红旗街办湾子村云经寺庙会。正月二十九日。
76	灞桥区红旗街办中殿村东安家庙会。三月初三日。
77	灞桥区红旗街办神鹿坊庙会。二月初六日。
78	灞桥区红旗街办三殿村师祖庵古会。三月初三日。
79	灞桥区红旗街办神峪寺沟成就寺和莲花寺庙会。三月十九日。
80	灞桥区长乐坡和十字沟庙会。三月二十九日。
81	灞桥区马腾空村白雀寺庙会。四月初八日；七月十四日。
82	灞桥区新筑街办新筑忙前。四月初八日。
83	灞桥区新筑街办杨贺村八仙鼓。春节期间。
84	灞桥区狄寨庞家村娘娘庙会。正月二十三日。
85	灞桥区席王乡石家道村、刘村和莫灵庙等八村轮办老洞庙会。二月初一到初二日。
86	灞桥区席王街道办杨圪垯村附近弥勒佛寺。
87	灞桥区席王乡梁家街村关帝庙会。二月十三日。
88	灞桥区红旗街办高桥村忙前会。四月初二日。

陕西庙会

89	灞桥区洪庆街办岳家沟周公庙会。正月二十三日。
90	灞桥区洪庆街办黄巢堡观音庙会和砚湾村庙会。二月十九日。
91	灞桥区纺织城东枣园刘村庙会。正月十八到二十日。
92	灞桥区新寺村庙会。正月二十三日。
93	灞桥区纺织城五厂东枣园苏村普照寺庙会。正月二十六日。
94	西安市未央区汉城街办高庙南村西二百米处感业寺庙会。腊月三十日到初一日；二月初八日；四月初八日；六月十九日；七月十五日；七月三十日；九月三十日；十二月初八日。
95	未央区广大门村光泰庙会。三月二十四到二十九日；七月十五日；十月初一日。
96	西安市临潼区骊山西绣岭第二峰骊山老母庙会。正月二十日；六月十一到十五日。
97	临潼区梨沟仁宗庙会。七月十五日。
98	临潼区零口乡、新丰街办长条村十面锣鼓。春节期间。
99	临潼区骊山西绣岭明圣宫道观。正月十九日；二月十五日；三月初三日；三月初六日；四月十四日；四月十五日；七月十五日；八月初三日；九月初九日；九月二十二日；清明节；十月初一日；十一月十四日；十二月二十四日。
100	蓝田县华胥镇孟崖村华胥陵。二月初二日。
101	蓝田县华胥镇宋家村三皇会。正月二十日。
102	蓝田县悟真寺古会。正月二十三到二十五日；六月十九日。
103	蓝田县水陆庵古会。正月十五到二十五日。
104	蓝田县锡水洞庙会。二月初四到初七日。
105	蓝田县巩村乡前卫古会。四月初八日。
106	蓝田县汤峪庙会。三月初三日。
107	蓝田县史家乡八里原真武庙会。三月十八日；七月十五日；十月十五日。
108	蓝田县散谷玉泉寺。按佛教日期。
109	蓝田县城东北20公里处东咀村空寂寺。佛教日期。
110	户县人民路与沣京路东北华佗庙会。二月初八日；九月初九日。
111	户县西关新村太史桥龙王庙会。二月初二日；八月初二日。
112	户县西关西街村关帝庙。二月十九日；七月十六日。
113	户县西街村石佛庙。正月二十三日；七月十五日。
114	户县东环城南路城隍庙会。二月初八日；三月初八日；三月二十三日；六月初八日；八月初二日。
115	户县南关什字西南环西路新盛寺庙会。四月初八日。
116	户县草堂镇草堂寺（佛教三论宗祖庭）。每月初一、初五和十五日；按佛教会期。

197

117	户县甘河镇东岳庙会。三月二十八日。
118	户县大王镇凿齿村道安寺。十月七日。
119	户县祖庵镇重阳宫。三月初三日；三月十八日；三月二十日；四月初八日；四月十五日；五月二十日；九月九日。
120	户县白庙乡富村窑清凉山老子诞辰。二月十五日；六月十五日。
121	户县白庙乡望仙坪集仙观。三月初十日；七月十五日。
122	户县石井乡牡丹苑钟馗宫钟馗节。四月初八；五月初五日；七月初五到初七日。
123	户县石井乡阿姑泉弥陀寺庙会。正月二十三日。
124	户县石井乡皂峪极乐寺庙会。二月十九日；四月初八日；六月十九日；九月十九日。
125	户县石井乡潭峪九华山朝山会。二月十九日；六月十九日；九月十九日。
126	户县石井乡小曲峪老君庵庙会。正月初九日；二月十五日；七月十七日。
127	户县紫阁峪杜家庄大圆寺庙会。正月初一日。
128	户县庞光镇烧柴峪石门寺庙会。二月初八日；二月十九日；四月初八日；六月十九日；七月十九日；七月三十日；冬月十七日。
129	户县庞光镇化羊峪庙会。正月二十五日到二月初二日；六月初八日到十五日。
130	户县太平峪奎峰造山会。七月初九日。
131	户县太平峪向阳洞庙会。三月初三日。
132	户县太平峪万花山朝山会。正月初九日；六月十五日；七月十五日。
133	户县渭丰镇六村十九堡迎送城隍民乐会。正月十二日到十五日。
134	户县城西北渼陂湖陂头村周王季陵上巳节古会。三月初三日。
135	户县秦渡镇庞村罗汉寺庙会。正月二十一日。
136	周至县黑水峪口仙游寺。无规定日。
137	周至县马召乡牛斗虎。春节。
138	周至县终南镇豆村大蜡会。四月初六日到初八日。
139	周至县终南镇马蓬灯笼会。正月十七日。
140	周至县终南镇西部司竹乡古会。二月二十八日。
141	周至县哑柏镇四屯乡纸社火。正月十八日。
142	周至县哑柏镇仰天村仰天河畔饮龙庆典。二月初二日。
143	周至县哑柏镇七曲报恩寺庙会。正月二十三日。
144	周至县楼观台庙会。二月初八日到初十日。
145	周至县西楼观老子诞辰。二月十五日。
146	周至县楼观台西塔峪村佛教庙会。正月二十三日；六月初六日；九月初九日。
147	周至县南集贤村古乐演奏。正月十四日到十六日；二月二十三日到二十五日。

148	周至县集贤镇赵代村赵公明庙。三月十五日；六月六日。	
149	周至县集贤镇大曲沟谷口红孩儿洞古会。六月十七到十九日。	
150	周至县广济镇南大坪太白庙会。八月初六日。	
151	周至县和太白县交界处太白山拔仙台庙会。七月十三日。	
152	周至县二曲镇小寨子火神庙会。正月二十日。	
153	太白县高马头青峰寺庙会。清明节。	
154	太白县鳌山药王坪白起庙。七月中旬。	
155	咸阳市渭滨乡东南坊、古渡乡西阳村牛拉鼓社火。正月十五日。	
156	咸阳市渭城区塔尔坡圆明寺。九月十九日。	
157	咸阳市秦都区魏家泉村佛圣寺。六月十九日。	
158	咸阳市杨林区小灵山道观。按道教日期。	
159	兴平市东街文庙。八月二十七日。	
160	兴平市西大街北寺巷清梵寺（北塔）。二月十九日；四月八日；六月十九日；十一月十七日；十二月八日。	
161	兴平市桑镇双山村双山祠。四月四日；十月十八日；十一月五日；十一月二十二日；十二月八日。	
162	兴平市桑镇街道杨义子会。十月十八日。	
163	兴平市桑镇街道三合村庙会。十一月初五日。	
164	兴平市桑镇街道庙会。十一月二十二日。	
165	兴平市桑镇街道腊八会。腊月初八。	
166	兴平市赵村乡赵村，店张街道腊八会。	
167	兴平市庄头镇庄头村庙会。十月十三日。	
168	兴平市庄头镇三姑村娘娘庙会。十月二十日。	
169	兴平市庄头镇吴南村庙会。十月二十四日。	
170	兴平市庄头镇白家空庙会。十月二十八日。	
171	兴平市南位乡留位村义勇祠会。十月初一日。	
172	兴平市南位乡十三村老王会。十月十五日。	
173	兴平市田阜乡湾果村老爷庙会。十月初六日。	
174	兴平市阜寨乡南佐村药王会。十月二十日。	
175	兴平市丰仪乡高家村孤魂堂庙会。十月十七日。	
176	兴平市汤坊乡龙过村高祖庙会。十月十五日。	
177	兴平市西吴乡东马村马录会。十一月初五日。	
178	兴平市马嵬镇黄山宫会。十月十五日。

179	兴平市赵村乡赵村年菜会。腊月二十三日、二十六日、二十九日。	
180	泾阳县永乐镇崇文塔古会。正月十五日到二十三日。	
181	泾阳县文逸夫小学文庙。	
182	高陵县城东南三阳寺（昭慧塔）。	
183	三原县城隍庙会。正月十五日；八月十一日到十五日。	
184	永寿县城东街昭仁寺。	
185	永寿县监军镇药王庙会。二月初二日到初五日。	
186	永寿县监军镇圣母庙会。七月初七日。	
187	永寿县古屯钟神会。三月十二日。	
188	永寿县仪井镇高庙山毛郎神庙会。三月十八日到二十日。	
189	永寿县仪井镇白姑娘神会。九月九日。	
190	永寿县旧县城阎王庙会。四月初八日。	
191	永寿县白坊村佛神会。六月十九日。	
192	永寿县后沟佛神会。七月十二日。	
193	永寿县地母神庙会。八月初二日到初四日。	
194	永寿县常宁镇娘娘神庙会。九月十三日到十五日。	
195	礼泉县王村镇王村蛟龙转鼓。春节和大型集会。	
196	乾县阳峪镇铁佛寺庙会。正月十二日到十六日。	
197	乾县阳峪镇太平村四郎庙会。四月初八日。	
198	武功县武功镇后稷祠和姜嫄庙会。正月十六日；六月初七日。	
199	武功镇河滩会。十一月初九日到十五日。	
200	武功镇东街城隍庙会。七月初四日。	
201	杨凌区李台乡建子沟村恩义寺庙会。正月二十三日；十月十三日。	
202	杨凌区徐西湾村西三街北洪积寺庙会。二月初十日。	
203	彬县大佛寺庙会。三月初八日。	
204	彬县城东5公里水北村姜嫄墓。	
205	彬县城西花果山石堡灯山景观。正月初十日到十六日。	
206	长武县东街昭仁寺道场。	
207	淳化县石桥乡金川湾藏经石窟。	
208	淳化县西南泾河北岸金牙堡龙盘寺。	
191	旬邑县马家河石窟寺。	
209	旬邑县千佛洞。佛教日期。	
210	铜川市金锁乡玉华村玉华宫。	

211	铜川市耀州区孙家塬村药王庙会。二月初二日。
212	铜川市耀州区药王山庙会。二月初二日到十一日。
196	铜川市耀州区柳林镇香山庙会。三月十五日；七月十五日。
213	铜川市陈炉镇陈炉窑神庙春秋祭祀活动。正月二十日；八月十五日。
214	宝鸡市西关高升堡金顶寺古会。二月十九日。
215	宝鸡市金台区长寿山古会。正月初九日；七月初七日。
216	宝鸡市金台区代家湾陈宝祠古会。正月十二日；六月十二日。
217	金台区金台观和五圣宫古会。二月初二日；十月初十日。
218	金台区卧龙寺古会。二月十五日；九月初九日。
219	金台区八角寺古会。六月十九日。
220	金台区雷神洞庙会。六月二十四日。
221	金台区罗家塄娘娘庙会。七月十二日。
222	金台区上马营寺庙会。七月二十九日。
223	金台区玉洞堡古会。八月十五日。
224	金台区石窑坡古会。十月十一日。
225	宝鸡市渭滨区马营镇旭光村古会。正月初九日。
226	渭滨区浴泉村古会。正月十一日；七月十二日。
227	渭滨区石鼓镇尖山古会。三月初三日；六月初六日。
228	渭滨区石鼓镇高家河古会。十月十八日。
229	渭滨区马营镇燃灯寺古会。三月十八日；六月十九日。
230	渭滨区马营镇凉泉村古会。三月二十日。
231	渭滨区马营镇广济寺古会。六月十九日。
232	渭滨区神龙镇常羊山炎帝陵。正月十一日；二月初二日；二月十五日；清明节；六月初三日；六月初六日；七月初七日；十月十八日。
233	渭滨区神龙镇诸葛山古会。七月初七日；七月二十三日。
234	渭滨区鸡峰山古会。六月初六日。
235	渭滨区观音山和瀑布山古会。六月十九日。
236	渭滨区天台山古会。七月初七日。
237	渭滨区陈家村古会。七月十五日。
238	渭滨区高家镇太寅、苟家岭和赵家崖轮办庙会。八月初二日。
239	渭滨区高家村庙会。九月初九日。
240	陈仓区县功镇碧峰寺和贾村灵龙山古会。正月初九日。
241	陈仓区县功镇古会。二月初二日。

242	陈仓区钓鱼台古会。正月十二日；八月初三日（姜子牙诞辰日）。
243	陈仓区慕仪乡齐家村和潘溪乡党家堡庙会。正月十三日。
244	陈仓区赤沙街庙会。正月十四日。
245	陈仓区赤沙镇三寺村血社火。正月十五日。
246	陈仓区虢镇、晁峪镇、硖石乡赵家坡和慕仪四村庙会。正月十六日。
247	陈仓区蟠龙镇南皋村封神台古会。正月二十三日。
248	陈仓区石羊庙乡王家崖村古会。正月二十六日。
249	陈仓区贾村镇广村佛爷寺庙会。正月二十八日。
250	陈仓区通洞乡、胡店乡和桥镇三家村古会。二月初二日。
251	陈仓区蟠龙乡庙会。二月初六日。
252	陈仓区桥镇陵后村古会。二月初七日；九月十三日。
253	陈仓区清溪乡雪山洞庙会。六月十五日；十月十五日。
254	陈仓区虢镇西高泉磨性山和千河乡杨家沟景福山庙会。三月初一日；四月初八日。
255	陈仓区县功镇白道沟雷神山、杨家沟乡各村轮办庙会。二月十九日；六月二十四日。
256	陈仓区固川乡方塘铺佛爷崖、县功镇黑虎山古会。三月初三日。
257	陈仓区新街乡庙川村吴山庙会。三月十二日到十三日；七月十二日。
258	陈仓区阳平镇晁阳村、贾村镇灵龙山古会。三月十五日；六月二十三日。
259	陈仓区慕仪乡第五村古会。三月十九日。
260	陈仓区桥镇白荆山古会。三月二十日。
261	陈仓区阳平镇窑底、石羊庙乡底店、上王乡旋瓦山古会。四月初一日。
262	陈仓区八鱼乡金家沟佛洞古会。六月初一日到初十日。
263	陈仓区清溪乡店子村九龙山古会。六月初六日。
264	陈仓区上王乡峰泉山古会。六月十二日。
265	陈仓区清溪乡马尾沟雪山洞、贾村镇杜家凹、桥镇千佛寺古会。六月十五日。
266	陈仓区桥镇黄梅山、硖石乡赵家坡古会。六月十九日。
267	陈仓区上王乡碧峰寺西阳洞古会。七月初一日。
268	陈仓区钓渭乡张家村古会。七月初三日。
269	陈仓区桥镇白荆山、清溪乡马尾河沟龙床山、晁峪乡新安村古会。七月十二日。
270	陈仓区蟠龙镇钟楼寺、钓渭乡老君山古会。七月十八日。
271	陈仓区金河乡岳家坡九龙山古会。九月二十三日。
272	陈仓区蟠龙山庙会。十月初十日。
273	陈仓区清溪乡马尾河沟云台山古会。六月十九日；十月十五日。
274	陈仓区陵原乡宝陵村、雪山洞古会。十月十五日。

275	陈仓区蟠龙镇陈仓观古会。六月十九日；十一月十九日。
276	扶风县城东大街城隍庙会。正月二十日；八月初二日。
277	扶风县城南5公里大同村西寺岭大明寺庙会。二月十九日；四月初八日；十月初十日；七月十五日；九月初一日；九月十九日。
278	扶风县段家镇大同村圣母庙会。七月初七日。
279	扶风县段家镇沟老村温泉山古会。七月十二日。
280	扶风县京当乡东观山、中观山和西观山祈子庙会。六月初十日到十九日。
281	扶风县京当山西观山三霄庙会。六月十三日到十六日。
282	扶风县法门寺庙会。三月十七日；四月初八日；七月二十日；九月二十五日；腊月初八日等。
283	扶风县揉谷乡白龙庙会。正月初十日。
284	扶风县揉谷乡新集村古会。四月初八日。
285	扶风县揉谷乡石家白龙庙会。正月十六日到二十日（十八日正会，三年一会）。
286	扶风县揉谷乡王家崖古会。正月初九日；三月初二日；六月初九日；十月初一日。
287	扶风县揉谷乡姜嫄村姜嫄圣母庙会。正月二十二日到二十五日（二十三日正会）。
288	扶风县午井乡南官村贤山寺庙会。正月十六日；七月十五日。
289	扶风县午井乡田家河田爷庙会。冬至。
290	扶风县午井乡小寨村、绛帐镇侯家村古会。三月十八日。
291	扶风县太白乡长命寺庙会。二月初八日。
292	扶风县绛帐镇古会。二月初二日。
293	扶风县绛帐镇罗家村古会。四月初四日。
294	扶风县召公镇西张村古会。二月二十日。
295	扶风县段家镇、午井镇古会。三月初十日。
296	扶风县段家镇青龙庙村青龙庙会。三月十四日到十五日。
297	扶风县杏林镇老爷庙会。三月二十日。
298	扶风县杏林镇漳召村转鼓会。正月十六日。
299	岐山县凤凰山周公庙会。三月初十日到十三日。
300	岐山县五丈原武侯祠庙会。二月二十三日；清明节；七月二十二日。
301	岐山县乔家堡上山会。正月初九到十五日。
302	岐山县何家村皮影。春节期间等。
303	岐山县祝家庄乡小强村古会。正月十四日。
304	岐山县安乐乡古会。二月初二日。
305	岐山县岖山（县城东北25公里处）古刹庙会。三月初三日。

陕西庙会

306	岐山县益店镇火星会。四月二十日。	
307	岐山县益店镇老爷庙会。九月十三日；腊月初八日。	
308	岐山县范家营乡圣母会。七月初六日到初七日。	
309	岐山县麦禾营乡南营村高庙骡马会。十月十三日。	
310	岐山县青化乡财神会。七月二十五日。	
311	岐山县青化乡卧佛庙会。十一月初七日。	
312	岐山县青化乡西门牲畜交流会。十月二十三日到二十五日。	
313	凤翔县城内灶爷巷灶爷庙会。八月初二日。	
314	凤翔县城东南肖李村古会。二月初九日。	
315	凤翔县南指挥乡八旗屯、尹家务乡、县城西北乡村18社轮流举办春坛祈年会。正月初九日。	
316	凤翔县尹家务乡槐原村炎帝生母女登圣母庙会。正月二十五日夜挑牌灯到二十六日。	
317	凤翔县彪角炮会和尹家务乡槐北村古会。正月十一日。	
318	凤翔县长青乡孙家南头和团庄一带轮办古会。正月初十日。	
319	凤翔县长青乡罗钵寺古会。正月十二日；十月十五日。	
320	凤翔县长青乡永安村古会。八月十五日。	
321	凤翔县董家河和汉封乡附近乡村轮办春坛祈年会。正月十六日。	
322	凤翔县陈村古会。正月十七日。	
323	凤翔县柳林镇附近乡村轮办春坛祈年会。正月二十日。	
324	凤翔县横水镇洛水村古会。二月初六日。	
325	凤翔县董家河乡和范家寨村轮办春坛祈年会。二月十二日。	
326	凤翔县彪角镇春分节会。春分日。	
327	凤翔县唐村灵山老母会。三月二十日；四月初一日。	
328	凤翔县横水麦王会。四月十五日。	
329	凤翔县纸坊乡六营村古会。六月二十九日。	
330	凤翔县五曲湾宝玉山古会。七月初一日。	
331	凤翔县南寨镇朝阳村三官庙会。四月初二日到初三日。	
332	凤翔县和千阳县交界处乡村轮办春坛祈年会。二月初四日。	
333	陇县城内陇中院内城隍庙会。十月初一日。	
334	陇县西街三官庙会。正月十五日。	
335	陇县城内土地庙会。二月十五日。	
336	陇县城内火星庙会。正月初九日。	
337	陇县城内马王庙会。六月二十二日到二十三日。	

338	陇县城关乡高塄村疙瘩脸谱社火。春节期间。
339	陇县城关乡桑家坡香山寺庙会。六月初九日；六月十九日。
340	陇县城关乡马坊铺娘娘庙会；温水乡闫家湾四郎庙会。三月初三日。
341	陇县东南乡纸沟村、塄底下、东南乡、杜阳乡、东风镇和城关乡马社火、步社火与背社火游演。正月初八日到十五日。
342	陇县东南乡河沟寨佛爷会。四月初八日。
343	陇县东南乡河沟寨古会。四月初八日。
344	陇县东南乡边家庄娘娘庙会。七月初七日。
345	陇县杜阳乡刘家山火神庙会。正月十五日到十七日。
346	陇县蒲峪川铁佛寺山神会。正月十八日到二十日。
347	陇县杏嘴庙、五条沟、瓦眉岭总督山神会。正月二十日。
348	陇县牙科乡皮影。春节期间等。
349	陇县各地乡村乞巧节。七月初七日。
350	陇县东南乡黄花峪庙会。正月十四日。
351	陇县八渡乡杨家庄古会。正月二十日。
352	陇县城北坡药王洞庙会。二月初一日到初三日。
353	陇县新集川乡龙门洞道观。三月初一日到四月初八日。
354	陇县天成乡蝉耳山古会。四月初一日。
355	千阳县城关高洞沟、崔家头镇庄科村金明观古会。正月初九日。
356	千阳县水沟乡清凉洞古会。二月十五日。
357	千阳县草碧乡清凉山和沙家坳乡古会。二月十六日；四月十五日。
358	千阳县柿沟乡古会。三月十六日。
359	千阳县南寨乡大寨村古会。三月十八日。
360	千阳县南寨乡龙泉寺古会。四月初八日。
361	千阳县西原清明节会。清明节。
362	千阳县文家坡乡曹家原古会。三月二十日。
363	千阳县寇家河乡新兴村古会。四月十二日。
364	千阳县崔家头镇刘家原古会。六月二十六日。
365	千阳县崔家头镇闫家岭古会。七月初七日。
366	千阳县崔家头街古会。七月十二日。
367	千阳县城药王洞巷古会。八月初二日。
368	凤县凤州城北消灾寺古会。正月初九日。
369	凤县凤州城内广佛寺古会。七月十五日。

陕 西 庙 会

370	凤县凤州城隍庙会。八月初二日。
371	凤县凤州南岐山下龙王庙会。七月十七日。
372	凤县河口镇古会。二月初二日。
373	眉县横渠镇古会。四月初八日。
374	眉县营头镇大湾村太白山蒿坪寺。六月初一日到三十日。
375	眉县第五村乡葫芦口古会。七月初一日。
376	麟游县城隍庙会。八月初二日。
377	麟游县城仁寿宫（九成宫）。
378	麟游县仙游观。无固定日期。
379	麟游县东南5里处慈善寺石窟。二月初二；三月十五日。
380	麟游县西南30里处千佛院摩崖造像。
381	麟游县乡镇跑鼓。春节期间等。
382	麟游县酒坊乡麻夫村药王洞庙会。二月初二日。
383	麟游县酒坊乡卞坡村九千圣母庙会。三月十五日。
368	麟游县镇头石臼山、阁头寺乡安子坪威龙山古会。七月初七日。
384	渭南市下吉镇慧照寺。
385	渭南市渭河南吴家庄等村蒸馍会。六月初一日。
386	渭南市独杆轿社火。春节期间等。
387	渭南市城南宝丰村高跷扑蝶。存节期间等。
388	华县城隍庙会。腊月初三日；四月初一日；八月二日。
389	华县西关赤水药王庙、火神庙会。二月初二日。
390	华县城东北下庙乡西岳庙会。三月初八日；八月初八日。
391	华县婚俗日期：三、六、九，不用瞅；过了腊月二十三，不问那一天；十四、二十二是忌日。
392	华县福成山少华山诸神庙会。二月十三日到十五日。
393	华县高塘镇赛古会。十月初一日。
394	华县大明乡蕴空山庙会。三月十七日到十九日。
395	华县毕家乡孟村、下庙车堡田村社火。正月十三日到十五日。
396	华阴市玉泉院西岳庙会。正月初九；三月三日；三月十四日到十六日。
397	华阴市文仙峪龙王观音寺庙会。三月初八日到十五日。
398	华阴市卫峪乡双泉村和马村素鼓。庆典、集会日和春节期间等。
399	潼关县城东门外黄河南岸禹王庙。
400	潼关县鱼化屯朝山庙会。正月二十三日到二十四日。

陕 西 庙 会

401	潼关县秦东镇南街村红楼观庙会和河坝会。三月十五日。
402	潼关县马家店马店庙会。二月十六日到十八日。
403	潼关县留果斜庙会。二月二十四日到二十六日。
404	潼关县扶老杆社火。春节期间等。
405	潼关县高桥乡、秦东镇古战船和背芯子。正月二十三日。二月初二日。
406	大荔县八鱼乡阿寿村药王庙会。二月初二日。
407	大荔县张家村血故事社火。二月十五日。
408	大荔县许家镇大壕营村乞巧节。七月初七日。
409	大荔县石槽乡九龙村和四里村娘娘庙会。春节期间。
410	大荔县石槽村和马坊渡村社火。春节。
411	大荔县两宜镇丰润村社火。二月初二日；五月十八日。
412	大荔县西寨乡血故事社火。二月初二日。
413	大荔县朝邑镇沙底乡地游舞。春节。
414	大荔县朝邑镇韦井乡南留村南留锣鼓。春节等。
415	合阳县大伏六东雷村三官庙会（上锣鼓）。正月十四到十六日。
416	合阳县伏蒙王家洼百人锣鼓。正月初八日到十五日。
417	合阳县马家庄狂涛锣鼓。正月初八日到十五日。
418	合阳县新池乡坡赵村（赵氏孤儿家乡）摇杆锣鼓和龙灯。正月初八日到十五日。
419	合阳县甘井镇、路井镇、合川镇南菜园、坊镇、黑池镇豆庄、同家庄、和家庄镇、百良镇东村、皇甫庄镇等锣鼓社火。正月初八日到十五日。
420	合阳县路井镇北党村五圆鼓发祥地。春节演出。
421	合阳县百良镇岔峪村放河灯。六月十五日。
422	合阳县城东北百良村圣寿寺。
423	合阳县西部南王村玄武庙。
424	合阳县梁山东峰千佛洞。
425	合阳县孟庄乡岱堡村血社火。春节。
426	合阳县与澄城县五圆鼓与丧葬路祭。春节与丧葬时。
427	澄城县四千镇韩家洼社火。正月十四日到十六日。
428	澄城县刘家洼乡良辅河村汉武帝庙会。洪拳鼓发祥地。三月二十三日到二十五日。
429	富平县老庙镇老鼓。春节期间。
430	富平县觅子乡南张村铁佛寺。
431	富平县美原镇法源寺。
432	富平县底店乡九龙山明月寺。

433	富县太和山庙会。四月初八日。
434	蒲城县罕井镇尧山圣母庙会。正月十五日；清明节；六月初六日；六月十九日；八月十五日。
435	蒲城县兴市镇火神庙会。正月十三日。
436	蒲城县前宜安宁家村古庙张飞鞭。正月十五日。
437	蒲城县各乡村八仙鼓。春节等。
438	蒲城县文化馆住地文庙。八月二十七日。
439	蒲城县永丰镇后稷庙。六月初六日。
440	蒲城县西街城隍庙。正月初一日；正月十五日前后三天。
441	白水县洛河东北史官镇仓颉庙会。谷雨。
442	白水县冯雷镇大雷公村医陶始祖雷公庙会。四月二十二日；十月二十二日。
443	白水县北原乡杨武村马羽山杨武庙会。三月二十八日。
444	白水县林皋乡元鹤山庙会。三月十五日；十月十五日。
445	韩城市学巷文庙。八月二十七日。
446	韩城市学巷城隍庙。五月二十一日；八月十八日。
447	韩城市芝川镇梁山司马坡太史庙会。清明节扫墓活动。
448	韩城市嵬东乡徐村司马遗祠和法王行宫。大年初一和清明节扫墓。
449	韩城市西庄乡东庄村法王庙会（抬神楼）。正月十五日；清明节；七月十八日；十月十七日（每次十天）。
450	韩城市西庄镇西山南峙寺菩萨庙会。正月初九日；七月十五日。
451	韩城市昝村镇薛村三圣庙。
452	韩城市昝村镇三清殿。
453	韩城市昝村镇薛村、龙亭乡新庄村、苏东乡重阳村百面锣鼓、花杆子、十三锣等。春节等。
454	韩城市芝川镇司马庄九郎庙。正月初一日。
455	韩城市薛峰乡北坡底村牡丹姑娘庙会。七月十五日。
456	韩城市金城区赵家寨子半坡吕祖坛。
457	韩城市龙门寨上峪口村黄河锣鼓；阳山庄巾帼鼓队演奏。春节等。
458	韩城市周原村大禹庙。六月十日到十二日。
459	韩城市东北10公里昝庄镇吴村普照寺。四月初八日。
460	延安市万花山花会。四月初八日。
461	延安市清凉山浴佛节。四月初八日。
462	黄陵县桥山轩辕庙。三月初三日；清明节祭祖。

463	甘泉县县城14公里处白鹿寺（众宝寺）。
464	子长县城西15公里处石宫寺。
465	安塞县真武洞。正月十五日；七月十五日；十月十五日。
466	延川县县城15公里处太相寺。
467	洛川县各地转灯会（转九曲）、鳌鼓、转大套、掏场子、打腰鼓和面花比赛。正月初七日到十五日。
468	米脂县城南关娘娘庙会（祈子节）。三月十八日前后三天。
469	米脂县西街三圣庙会。五月十三日。
470	米脂县盘龙山师祖庙会。三月三日。
471	米脂县桃镇武王庙会。四月二十八日。
472	米脂县无定河谷地北门川郭家庙。六月十九日。
473	米脂县东沟七里庙村七里庙。
474	米脂县杜家石沟乡高兴庄卧羊寺。
475	米脂县盘龙山二天门下驴祖师庙。
476	米脂县各地祭祖吃坟会。清明节。
477	米脂县各地中元节家家蒸"卷卷"，挂"田蔓"。七月十五日。
478	绥德县城南一步岩祭韩蕲王日。七月初七日。
479	绥德县定仙焉娘娘庙花会。三月十七日到十九日。
480	绥德县东南黄河岸河底乡界首村分食窠娘娘庙。三月初八日。
481	绥德县雕山顶二郎山二郎庙。三月二十七日到二十九日。
482	绥德县城东30里处灵宝山庙。三月初三日；九月初九日。
483	绥德县枣林坪乡老槐神庙。四月二十五日。
484	绥德县城南50余里处无定河岸铁茄坪村城隍庙。八月初二日。
485	绥德县城东百里处马家川乡庙沟村刘二师傅庙。五月初三日。
486	吴堡县城北50里处郭家沟镇兴岩寺（太平寺）。四月十八日。
487	子洲县三川口镇西庄村请醮会。正月初四到初六日。
488	子洲县南丰寨庙群。
489	子洲县苗坪乡南丰寨天神庙。
490	宜川县莽头山庙会。三月十八日。
491	佳县白云观庙会。正月初七日；三月初三日；四月初一日到初八日；九月初九日。
492	佳县峪口乡谭家坪灵隐寺放舍等。正月初七日到初九日。
493	佳县城南云崖寺。
494	佳县城北35公里处朱官寨村五女清风祠。二月二十四日。

495	佳县康家港乡开花寺。三月二十七日到二十八日。	
496	横山县黑木头川中下游五龙山庙群。三月十八日。	
497	横山县城南25公里处波罗镇波罗堡波罗接引寺。四月初八日；十月初一日。	
498	横山县塔湾镇芦河东岸红砂岩畔红门寺。	
499	横山响水镇韭菜沟村卧龙山鲍家寺。	
500	横山县无定河南岸黄云山波罗石佛爷庙。	
501	吴堡县郭家沟镇太平寺。四月十八日。	
502	清涧县转九曲偷灯等。正月十五日。	
503	清涧县城南笔架山庙会。三月初三日。	
504	清涧县解家沟白草寺。三月初三日。	
505	清涧县城东沟30余里处法师庙。三月十五日。	
506	清涧县丁家沟村喇嘛岭喇嘛庙。三月十二日。	
507	清涧县黄河与无定河交界处河神庙。六月初六日。	
508	清涧县城东45公里处玉家河镇赵家畔村寡妇坪寡妇坪庙。三月初三日。	
509	清涧县城北15里处折家坪镇陈家坪村喇嘛庙。三月二十二日。	
510	清涧县折家坪镇王家崖村李家寺。二月初二日。	
511	清涧县城东20公里处李家塔镇卧龙寺。	
512	清涧县忙罢献场（祭后稷）。夏秋粮食上场入仓时。	
513	延川县白浮屠寺定亲庙会。四月初八日；七月二十三日。	
514	榆林市镇川镇大佛寺庙会。七月十五日。	
515	榆林市城西小纪汗井克梁村木华黎庙。五月十三日。	
516	榆林市驼峰山戴兴寺。	
517	榆林市金鸡滩乡大坟滩村大坟滩庙会。五月十三日。	
518	榆林市镇川镇红柳滩村黑龙潭庙会。六月十二日到十四日。	
519	榆林市牛家梁公鸡会。二月初二日（三天）。	
520	榆林市红石峡雄山寺庙会（祈子会）。二月初二日；三月十六日（三天）。	
521	榆林市城东南5公里青云山寺观。四月初八日。	
522	榆林市城东东岳庙会。三月二十六日。	
523	榆林市卧云山真武祖师庙会。四月初八日。	
524	靖边县畔沟乡寺儿畔村毡毯佛庙。	
525	靖边县城西南40公里处祭山梁乌云山道观。	
526	靖边县大路沟乡狗骑庙。	
527	定边县城西南30公里处红柳沟镇灵山庙。三月初三日。	

陕 西 庙 会

528	定边县石洞沟村八里河龙王庙。
529	榆林市神木县二郎山庙会。正月初八日；四月初八日；六月二十二日。
530	神木县九龙山东岳庙会。三月二十八日。
531	神木县九龙山祖师庙会。正月初八日；四月初八日；六月初八日。
532	神木县九龙山财神庙会。九月十七日。
533	神木县九龙山万佛寺。
534	神木县九龙山吕祖洞。四月十五日；九月初九日。
535	神木县九龙山龙凤道观。
536	神木县城隍庙。五月二十七日。
537	神木县中鸡镇东鸡河村訾家河黑圪瘩山万佛寺。正月初八日；四月初八日；六月十九日。
538	神木县店塔镇庙会。六月十二日。
539	府谷县西北黑龙滩黑龙庙。六月初六日。
540	府谷县黄甫和墙头宗常山真武庙。三月初三日；七月十八日。
541	府谷县天平山孤山堡七星庙。
542	府谷县旧城10余里处天桥子村悬空寺。
543	陕北各地吃坟会。清明节；十月初一日。
544	陕北各地河神庙祭河神。六月初六日。
545	商洛市洛南县金丝峡石燕寨真武祖师庙和姥母庙会。四月初八日。
546	商洛市商州区西街大云寺。
547	洛南县巡检镇老君山庙会。正月二十三日。
548	洛南县城关镇文庙。
549	镇安县云盖寺镇云盖寺和高林寺庙会。九月十七日到二十一日（正会十九日）。
550	镇安县城西南45公里处塔云山庙会。
551	丹凤县城西15公里处棣花东街二郎庙。
552	丹凤县城西南喻花庙。六月初六日。
553	丹凤县城西商镇、龙驹地区四魔女灯舞。春节等。
554	汉中市城北50公里处天台山顶天台寺。
555	汉中市勉县城南定军山武侯墓祭祀活动。正月初一到初六日；清明节。
556	宁强县城北烈金坝乡汉源村禹王庙。
557	留坝县城北15公里处紫柏山庙台子街张良庙。三月二十五日。
558	南郑县石拱乡龙岗寺。二月初二日。
559	南郑县圣水镇圣水寺。五月十九日到二十日。
560	南郑县青树镇石桥太极山道观。按道教日期。

561	南郑县黄观镇宝鼎山道观。按道教日期。
562	勉县城西4公里处武侯祠。春节初一日到初六日。
563	洋县城区开明寺。
564	洋县城西15公里处谢村镇智果寺。六月六日。
565	洋县城西湑水乡良马寺。
566	西乡县城东南15公里处午子观庙会。正月初一日到初三日；正月初九日；二月十九日；三月初三日；六月十九日；七月初七日；九月十九日；十月十八日；十二月初六日到初八日。
567	西乡县城西北2里处鹿龄寺（伊斯兰教会）。
568	西乡县樱桃沟茶叶节、樱桃节和物资交流会。四月二十二日。
569	南郑县山乡牛马会。二月初二日。
570	安康市汉滨区天柱山白云寺。二月初四日。
571	安康市西津渡七里沟口新罗寺。
572	安康市宁陕县长安河沙洲城隍庙。四月初八日。
573	安康市紫阳县城西北擂鼓台祖师庙。
574	旬阳县孔庙。八月二十七日。
575	旬阳县北青铜寺。
576	白河县文庙。八月二十七日
577	白河县千佛洞。
578	白河县圣母山凌空寺。
579	白河县柳树坪双塔寺。
580	石泉县兴坪乡法兴寺。
581	石泉县马岭东山顶朝阳寺。

陕 西 庙 会
SHAANXI TEMPLE FAIR

 陕西庙会

图书在版编目（CIP）数据

陕西庙会 / 贺绎著. —西安：西北大学出版社，2012.7
ISBN 978-7-5604-3081-2
Ⅰ.①陕… Ⅱ.①贺… Ⅲ.①寺庙—介绍—陕西省 Ⅳ.①K928.75

中国版本图书馆CIP数据核字（2012）第163435号

陕西庙会

作　　者：贺　绎　赵慧兰　著
出版发行：西北大学出版社
销售电话：029-88302590
地　　址：西安市太白北路229号（邮编：710069）
网　　址：http://press.nwu.edu.cn
经　　销：新华书店经销
印　　刷：陕西天之缘真彩印刷有限公司
开　　本：787毫米×960毫米　1/16
印　　张：14.5
字　　数：180千字
版　　次：2012年8月第1版　2012年8月第1次印刷
书　　号：ISBN 978-7-5604-3081-2
定　　价：45.00元

版权所有　　侵权必究